主编简介

邓纯东 男，1957年生，马克思主义研究院党委书记、院长，研究员、硕士，博士后合作导师、中国社会科学院研究生院博士生导师，第十三届全国政协委员，全国政协社会和法制专门委员会委员。

主持国家重大交办委托课题和特别重大交办委托课题多项；主持国家社科基金课题4项。筹划马克思主义研究院每年主办的马克思主义及其中国化系列国内论坛10余个，国际论坛3个。

在《人民日报》《光明日报》《求是》等报刊发表理论文章10余篇。主编《中国特色社会主义理论"新思想 新观点 新论断"研究丛书》（6本），《社会主义核心价值观丛书》（12本），《中国梦与中国特色社会主义研究丛书》（10本），《中国道路为什么能成功丛书》（10本），《马克思主义中国化最新成果研究报告》（2013年起每年一卷）等丛书多部。

中国社会科学院
马克思主义理论学科建设与
理论研究工程项目

治国理政思想专题研究文库

协调发展思想研究

邓纯东　主编

XieTiao
FaZhan SiXiang
YanJiu

人民日报出版社

图书在版编目（CIP）数据

协调发展思想研究／邓纯东主编. —北京：人民
日报出版社，2018.1
ISBN 978 - 7 - 5115 - 5232 - 7

Ⅰ.①协… Ⅱ.①邓… Ⅲ.①区域经济发展—协调发
展—中国—文集 Ⅳ.①F127-53

中国版本图书馆 CIP 数据核字（2018）第 011109 号

书　　名：协调发展思想研究
主　　编：邓纯东

出 版 人：董　伟
责任编辑：周海燕　孙　祺
装帧设计：中联学林

出版发行：人民日报出版社
社　　址：北京金台西路 2 号
邮政编码：100733
发行热线：（010）65369509　65369846　65363528　65369512
邮购热线：（010）65369530　65363527
编辑热线：（010）65369518
网　　址：www.peopledailypress.com
经　　销：新华书店
印　　刷：三河市华东印刷有限公司

开　　本：710mm×1000mm　1/16
字　　数：150 千字
印　　张：12
印　　次：2018 年 8 月第 1 版　　2018 年 8 月第 1 次印刷

书　　号：ISBN 978 - 7 - 5115 - 5232 - 7
定　　价：68.00 元

编者说明

中国共产党是高度重视理论指导、不断推进马克思主义中国化、善于进行理论创新的党。同时,我们党重视对马克思主义理论的学习和研究工作,重视用马克思主义中国化最新理论成果武装全党和教育人民,推进马克思主义大众化。

党的十八大以来,以习近平同志为核心的党中央坚持以马克思列宁主义、毛泽东思想、邓小平理论、"三个代表"重要思想、科学发展观为指导,坚持解放思想、实事求是、与时俱进、求真务实,坚持辩证唯物主义和历史唯物主义,紧密结合新时代条件和实践要求,以巨大的政治勇气和强烈的责任担当,对经济、政治、法治、科技、文化、教育、民生、民族、宗教、社会、生态文明、国家安全、国防和军队、"一国两制"和祖国统一、统一战线、外交、党的建设等各方面都做出了理论上的回答,以全新的视野深化对共产党执政规律、社会主义建设规律、人类社会发展规律的认识,进行艰辛理论探索,取得重大理论创新成果,提出一系列治国理政新理念新思想新战略。

围绕习近平总书记关于系列治国理政新理念新思想新战略的相关论述,学术界理论界发表了非常多的高质量的阐释性、研究性文章。为了更好地配合学习、研究和宣传习近平系列重要讲话精神,为了更好地推进和加强对习近平关于治国理政思想的研究,中国社会科学院马克思主义理论学科建设与理论研究工程决定编辑出版这套《治国理政思想专题研究文库》。文库从丰富的治国理政思想中撷取二十个方面的重要思想,分二十专题编辑出版。包括:《中国梦思想研究》《全面建成小康社会思想研究》《全面深化改革思想研究》《全面依法治国思想研究》《全面从严治党思想研究》《创新发展思想研究》《协调发展思想研究》《绿色发展思想研究》《开放发展思想研究》《共享发展思想研究》《意识形态工作思想研究》《民主政治建设思想研究》《经济建设思想研究》《社会建设思想研究》《文化建设思想研究》《生态文明建设思想研究》《民族工作思想研究》《国防军队外交思想研究》《"一带一路"思想研究》《人类命运共同体思想研究》。文库采集的论文来自党的十八大至党的十九大期间,在重要报刊上发表的部分理论和学术文章。

限于篇幅,不能把所有的高质量文章收入;基于编者水平,可能会遗漏一些高质量文章,另外,本书在选编工作中难免出现错误与不妥之处,敬请作者与读者一一谅解与指正。

2017 年 10 月

目　录
CONTENTS

以协调发展理念谋划区域发展新格局[*]

党的十八届五中全会描绘了"十三五"时期我国发展的新蓝图,创造性提出"创新、协调、绿色、开放、共享"五大发展理念,为我国经济社会发展行稳致远提供了基本遵循。中央经济工作会议进一步指出,促进区域发展,要更加注重人口经济和资源环境空间均衡。贯彻落实五中全会和中央经济工作会议精神,必须增强发展协调性,在协调发展中拓宽发展空间,在加强薄弱领域中增强发展后劲。当前我国经济社会发展进入新常态,新形势下制定和实施区域发展战略,要正确处理好一系列重大关系,推动区域协调发展,努力塑造要素有序自由流动、主体功能约束有效、基本公共服务均等、资源环境可承载的区域协调发展新格局。

一、处理好维护市场竞争公平性与强化对特殊地区支持的关系

社会主义制度是追求公平正义的制度,我们建设市场经济也必须维护市场竞争的公平性,保障市场公平、公正和有序运行,这是十分重要的,也是毋庸置疑的。但据此质疑甚至否定区域战略中对一些特殊地区的支持,却是不正确的。一种比较有代表性的观点认为,目前国家对一些区域实施的支持性优惠政策,妨碍了市场公平竞争,破坏了

---

* 本文作者:范恒山,国家发展改革委副秘书长。

统一市场规则,应予以废止。实际上这是一种误解。

从过去的实践看,在区域战略层面实施支持性优惠政策大体有两种情况。一种情况,是对欠发达地区特别是"老少边穷"地区实行的所得税优惠等政策。比如对西部地区实行15%的所得税优惠政策、对赣南等原中央苏区所采取的相关优惠政策等。对这些地区加以支持既是改变其贫困落后面貌的需要,又是推进基本公共服务均等化的需要。从一个方面来说,这些地方基础差、底子薄、贫穷落后,单靠自身努力,很难改变其生产生活状况落后于全国平均水平的状态,必须依靠国家政策支持和地区对口支援,助其赶超,加快缩小其与发达地区的发展差距,争取与全国其他地区同步实现全面小康和现代化。从另一个方面来说,加大对欠发达地区的支持力度,恰恰是为了体现平等公正的原则。市场公平性的核心内容是机会均等、发展权利均等。长期以来,为了支持工业的发展、支持城市的发展、支持沿海地区率先发展,农村、中西部地区做出了重要贡献,如农产品的低价销售、土地和劳动力等生产要素的廉价供应等。大部分农村、中西部地区仍然是欠发达地区,对这些地区的发展给予积极的、适当的支持,实际上是一种有限的补偿。也就是说,在基本公共服务的提供上,区域间存在着严重的不平等,政府对农村、中西部地区所提供的公共服务远逊于城市、东部地区。因此,对欠发达地区的支持,特别是在提供基本公共服务方面的支持,其实是一种必要的"还账",是体现社会主义市场经济公平公正原则的必然要求。而且,在已经存在着较大地区差距的情况下,仅靠市场机制是难以实现缩小区域差距、促进区域协调发展的,必须发挥政府的作用,通过必要的政策支持等手段来加快解决地区差距过大的问题。这种做法不仅不违背市场的公正性,而恰恰是追求公正性和保证发展权利均等化的体现。实践表明,正是通过强有力的分类指导的区域政策,扭转了长期以来经济增长速度东高西低的状况和地区差距不断扩大的趋势,为促进区域协调发展奠定了坚实的基础。还要强调的是,欠发达地区特别是"老少边穷"地区需求潜力巨大,蕴藏的发展潜力也十分巨大,以适度的优惠政策激发这种需求、激活这种潜力,进而发挥这些地区的"后发优势",对于促进经济稳定增长、实现社会大局的持续稳定,是十分重要和必要的。

另一种情况,是对一些发展改革实验区和示范区实行的某些优惠政策。比如对横琴的粤港澳合作示范区、前海深港现代服务业合作区、平潭综合实验区实行了一些税收优惠政策。这些实验区和示范区是探索发展改革特别是优化促进区域协调发展路径与方式的试验平台,在政策设计上,既考虑了试验主题的需要,也考虑了周边环境、国际通行做法和改革探索的要求。这类实验区和示范区一部分设立在条件较好的经济发达地区,但这与对发达地区全面实行优惠政策完全是两码事。这种优惠政策实际上是一种先行先试政策,其目的在于积累经验、摸索道路、提供示范。

因此,我们在制定实施区域发展战略过程中,必须坚持从实际出发,要始终注重维护市场的公平性,保证各地区和全体劳动者能够享有平等的发展机会,获得均等化的基本公共服务;同时,必须坚持分类指导,对处于不同发展阶段的地区给予差异化的政策支持,并基于试验示范的要求给予相关试验平台以特殊的政策安排。

二、处理好重点制定实施跨区域发展战略与着力缩小区域政策单元的关系

由国家主导制定区域发展战略规划,是推进区域协调发展的一个重要特色和手段。"十三五"时期,中央强调要促进协调发展,这意味着把国家主导制定区域规划的重点放到跨省区、跨大区域层面,加强对西部、东北、中部、东部四大板块发展的统筹协调,推动沿大江大河沿边沿海和沿重要交通干线的经济增长带建设。第一,从事权看,编制跨省区、跨大区域的区域发展规划,是地方政府包括省级政府难以推动的,理应由国家承担,但我国地域辽阔、区情复杂、行政层级众多、区域板块大小交错,国家很难包办所有层级和区块的区域规划制定。第二,从现实基础看,这些年国家组织制定了一系列各种类型的区域规划,不仅基本覆盖了各个省区和重点地区,而且为进一步细化区域规划的制定打下了基础、提供了示范。随着"一带一路"、京津冀协同发展和长江经济带三大重要战略的推出,国家重点组织跨省区、跨大区域层面区域规划制定的特点和成效都已得到明显体现。

但如果据此认为国家只能制定跨省区、跨大区域的区域规划,就不那么正确了;甚至认为不需要制定省区内或较小区域板块的区域规划,那就更加错误了。各个地区自然、经济、社会发展条件差异显著,这种基本国情决定了我们必须实施分类指导。实施分类指导,在空间上必须突出重点,即分散进行、分块规划、分别实施。从理论上说,区域板块越细分,区域规划的指导性、针对性就越强,也越能精准发挥各个地区的比较优势,解决其所面临的瓶颈制约。所以我们必须进一步细化区域规划的空间板块,进一步缩小区域政策单元。从这个意义上讲,仍然要根据各自具体情况组织编制各省域内的区域规划。一般逻辑是,国家重点组织编制跨省区、跨大区域的区域规划,省级政府重点组织编制跨地市行政区的区域规划,以此类推,一直细化到最必要的空间板块的规划编制,形成多级联动、各负其责、一体贯通的区域规划研究制定工作局面。

必须指出的是,一些关乎改革发展大局的重要功能区和试验区的规划和方案,尽管在省级区域内,但仍需国家组织制定或指导制定,是属于国家的事权和职责。一是因为这些功能区和试验区承担着重大的改革发展使命,关乎全局,涉及长远;二是因为这些功能区和试验区的许多突破性的先行先试政策需要国家相关部门研究并赋予;三是这些功能区和试验区的探索极具创新性,也极具风险性,需要国家统筹协调和指导推动。

三、处理好统筹区域空间布局和建立区际利益平衡机制的关系

各地的水土环境、地质状况、资源禀赋等差别很大,应当把握各自的区情,最大限度地发挥自身比较优势。国家也应基于各地的具体情况,统筹进行区域空间布局,特别是产业布局。这体现了全国一盘棋的需要,有利于国家的发展和长治久安。从静态看,地方的发展格局和国家的空间布局是一致的,或者说地方意志和国家意志是统一的。但从动态看,一些地区的发展需求难免会与国家统筹区域空间布局的要求产生矛盾,在变化发展的外部环境和日趋激烈的竞争状态下,原有的地区比较优势可能会转换成比较劣势,从而产生适应外部条件创新发展构筑新的比较优势的需求与刺激。例如,粮食问题关乎民族生存和国家安全,为确保粮食安全,国家统筹布局,以区域资源禀赋为基础划定了一批粮食主产区。但粮食附加值低,主产区光靠种粮难以实现跨越式发展。为了加快实现现代化,粮食主产区必然要求"退农进工",转向发展非农产业特别是附加值较高的产业。这种想法或做法,从局部看无可非议,但从全局看,国家粮食安全将得不到保障,国家长治久安也将面临威胁。这就给我们提出了一个重大问题,如何既维护国家的统一空间布局,又使各地的发展水平不至于形成过大差距,尽可能同步实现全面小康?对此,有必要采取科学方式对因承担全局职责而付出代价的地方进行补偿,也有必要采取有效措施来支持这些地区加快发展。一方面,各相关地区应在不影响国家统一空间布局前提下,充分挖掘自身潜力和有效利用外部条件,努力提升产业发展水平和经济效益。比如,粮食主产区要探索在不牺牲农业和粮食生产的前提下,走工业化、城镇化和农业现代化协调发展的路子。另一方面,国家要推动建立区际利益平衡机制,通过这一机制,对那些按照国家统一空间布局发展附加值相对较低产业的地区给予合理的补偿和必要的支持。

对于促进区域协调发展来说,建立区际利益平衡机制已刻不容缓。从现实基础出发,要着力在两个方面进行探索。一是建立健全稀缺资源、重要农产品的价格形成和补偿机制,有效平衡输出地和输入地的利益关系。价格决定应以市场为基础,综合考虑国际国内水平、地区发展需要和社会承受能力。补偿机制可以是纵向财政专项转移的方式,也可以是横向对接的区域补贴方式,还可以把两者结合起来。二是探索市场化的生态补偿机制,促进毗邻地区和重点流域上下游地区建立环境保护与经济发展相协调的制度体系。在此基础上,还可以推动建立跨地区投资、产业转移等重大事项的利益分享机制,促进区域间在基础设施建设、产业升级等方面的良性互动。通过上述努力,实现区域协调发展。

处理好上述三个方面的关系,不仅要在战略层面正确认识和科学把握,而且要在战术层面深化研究和精心设计。制度体系的建设和实施方案的设计,既要坚持市场经济方向,又要从我国具体实际出发;既要保障整体利益,又要兼顾地方合理需求;既要体现中央的统筹指导作用,又要充分发挥地方的积极性。

(原载于《中国经贸导刊》2016 年 2 月)

"协调发展"是中国特色的新理念[*]

习近平总书记指出,新常态是一个客观状态,是我国经济发展到今天这个阶段必然会出现的一种状态,是一种内在必然性,我们要因势而谋、因势而动、因势而进。党的十八大以来,为了适应和引领经济新常态,解决经济社会发展中长期存在的不协调难题,坚持以人民为中心的发展思路,就必然要提出和落实协调发展的新理念。

一、协调发展理念蕴含着事物具有普遍联系的辩证思想

经济事物内部的各个部分是相互联系的,国民经济和整个社会都是一个相互联系的统一整体,需要认识其真实联系,依据固有联系来改善其状态,建立新的最佳联系。协调发展就是牢牢把握中国特色社会主义事业总体布局,正确处理发展中的重大关系,促进全社会的整体良性发展。我国长三角、珠三角、京津冀、中西部、长江带、东北区和"一带一路"等不同的区域间及其内部,有着广泛的交互共生的各种联系,需要协调发展。国内区域协调的重点在于,塑造要素有序自由流动、主体功能约束有效、基本公共服务均等、资源环境可承载的区域协调发展新格局。目前,我国区域发展不协调现象仍然存在,尤其是西部地区、革命老区、民族地区、边疆地区、贫困地区仍然是发展短板,要

＊ 本文作者:程恩富,中国社会科学院学部委员、马克思主义研究学部主任。

尽快补齐这个短板。协调政策应首先是重点支持"最短板"的那一地区和领域。同时，不能让民族团结安定较好的地区"吃亏"，即支持的力度不宜低于不安定的地区。应让安定团结的民族地区首先富起来，发挥示范效应。要运用统计资料和客观事实来公开地宣传新中国成立特别是改革开放以来，全国整体对各个民族地区的多方支持（民族地区的收益），大大超过了民族地区对全国整体的自然资源支持（民族地区的支出或成本），因而民族团结安定有益于经济和生活水平的提高。

二、协调发展蕴含着对立统一两点论的辩证思想

习近平总书记强调："坚持社会主义市场经济改革方向，坚持辩证法、两点论"。也就是说，要一分为二地看问题，坚持两分法，防止片面性。我们一贯强调物质文明和精神文明"两手抓，两手都要硬"，但两个文明发展不协调的问题依然存在，因而"十三五"规划纲要特别提出推动两个文明协调发展。全面建成小康社会包括物质文明和精神文明的内涵，经济文化发展和城乡居民的物质文化生活等"硬文明"指标容易实现，但与人的价值观、诚信、伦理、信仰等相联系的精神文明或"软文明"提升程度，则需要加强。两种文明是密切相关的，例如制造和销售假冒伪劣商品，这涉及物品、物质文明，但首先还是人品和精神文明出了问题。应以党中央反腐败的决心和从严精神为典范，从思想舆论和行业规定两个方面狠抓商界的诚信、政界的作风、媒体的文风、学界的学风、社区的民风、部队的军风等。要在各行各业普遍建立"软文明"的规章制度，从严实行奖惩办法。要大力宣传雷锋精神和新时代各行各业的精神文明标兵，并渗透到国民教育体系和党校教育体系之中。要善于把马克思主义及其中国化的人生观价值观与我国传统文化的精华有机结合起来，知行合一地推动个人和群体的社会公德、职业道德和家庭伦理建设。各级党政部门要充分运用和完善已有的

精神文明衡量指标体系,将其作为考核干部和所在单位与地区的约束性指标。只有这样,才能保证这项工作不流于形式、不走过场,取得扎扎实实、让广大群众有获得感的明显成效。

三、协调发展蕴含着量变和质变相互关系的辩证思想

经济等事物的变化发展,都是首先从量变开始的。用量变引起质变的道理看问题,就要坚持适度原则,重视量的积累,学会优化结构。目前,推动城乡协调发展的重点在于,逐步健全城乡发展一体化体制机制,健全农村基础设施投入长效机制,推动城镇公共服务向农村延伸,提高社会主义新农村建设水平。尤其是在推进以人为核心的新型城镇化的质与量及结构方面,有几个问题迫切需要关注和解决:一是城镇化质量亟须提升。我国常住人口城镇化率已超过50%,而实际户籍人口城镇化率不到40%。二是农业转移人口市民化服务亟须保障。被统计为城镇人口的大约2.4亿农民工及其随迁家属,未能在教育、就业、医疗、养老、保障性住房等方面享受城镇居民的基本公共服务。三是大中小城镇空间分布和结构亟须改善。东部、中西部的城市分布与资源环境承载能力不匹配,中小城市集聚产业和人口不足,大城市则"大城市病"严重。四是城乡建设特色亟须加强。一些城市贪大求洋而导致建筑等"同城化",一些农村地区简单采用城市元素而导致乡土特色文化流失。解决这些问题的关键在于,要确立量变和质变相互关系的辩证思维,加强制度安排和分类指导,不急躁、不拖延,因地制宜地有序促进各具特色的新型城镇化;以人的城镇化为核心,尽快确保城镇基本公共服务常住人口全覆盖,大力加强新市民的职业教育培训;推动城镇化与信息化、工业化、绿色化、农业现代化、交通便捷化和生活高质化这"七化同步",促进城乡要素平等交换和公共资源均衡配置,协调新型工农关系和城乡关系;优化布局,集约高效地推进城镇化,提高国土空间利用效率。

　　简言之,我们要科学掌握和运用协调发展理念蕴含着的唯物辩证法思想,增强发展协调性和整体性,在协调发展中拓宽发展空间,在加强薄弱领域中增强发展后劲,推进经济、政治、文化、社会、生态文明五大领域建设和"四个全面"战略布局,不断开创治国理政的新局面。

(原载于《北京日报》2017 年 5 月 8 日)

协调发展理念与社会主义核心价值观[*]

党的十八届五中全会,依据改革开放尤其是党的十八大以来我国经济社会发展取得的重大成就和基本经验,针对我国经济社会发展的新情况新矛盾,提出了我国经济社会持续健康发展的五大理念,即创新发展、协调发展、绿色发展、开放发展、共享发展。这五大发展理念相互联系、相辅相成,共同服务于"四个全面"战略布局下中国特色社会主义现代化建设。从理论与实践的结合上,深刻认识协调发展理念的时代价值,坚持问题导向,积极培育和践行社会主义核心价值观,促进社会主义现代化建设又好又快发展,对于实现"两个一百年"奋斗目标、实现中华民族伟大复兴中国梦,具有重大理论意义和实践指导作用。

一、协调发展是我党历来坚持的经济社会建设的基本理念

任何客观存在的事物,都是一个由多种要素构成的统一体。事物内在构成要素之间的适度配合,表征着事物内在矛盾关系处于协调状态。这种协调,是维护事物统一性的前提条件,也是促进事物整体性发展的根本保证。协调发展指的是事物所有构成要素的适度发展,是一种具有整体性品格的和谐发展。社会协调发展,是一种兼顾社会各

* 本文作者:吴潜涛,清华大学高校德育研究中心教授、社会主义核心价值观协同创新中心主任。
本文为北京市委教育工委思政课专项课题"运用中华优秀传统文化资源开展社会主义核心价值观教育研究"(课题编号:JGWXJCZX201460)的阶段性成果。

个领域、照顾社会方方面面的整体性系统性的发展,是一个以实现人的全面发展为总目标,以解决复杂社会系统之间以及各个系统内部要素之间失衡发展的问题为着力点,不断促进社会各个领域、各个部门、各个环节和谐有序地持续发展过程。

在社会主义建设和改革开放的实践中,我党历来坚持协调发展理念,在各个时期都非常重视一些重大关系的研究,及时破解一些社会领域发展不平衡的矛盾,不断促进整体社会的健康发展。早在20世纪50年代,毛泽东就把当时社会主义建设和社会主义改造中的矛盾综合为十个问题,提出了"十大关系"的著名论断,明确指出,正确处理十大关系,解决好社会主义建设实践中的矛盾,就能调动一切积极因素为社会主义事业服务,就能把我国建设成为一个强大的社会主义国家。他还提出了解决矛盾的"统筹兼顾"思想,指出:"任何矛盾不但应当解决,也是可以解决的。我们的方针是统筹兼顾、适当安排。"在改革开放时期,邓小平指出:"现代化建设的任务是多方面的,不能单打一。""我们必须按照统筹兼顾的原则来调节各种利益的相互关系。"江泽民指出:通过改革正确处理各种利益关系的"基本原则应该是,从全国人民的共同利益出发,统筹兼顾,适当安排,发挥社会主义制度能够调动各方面积极因素、激发各方面创造精神的优越性,能够集中必要的人力、物力、财力办一些大事的优越性。这就是说,既要照顾各个方面的利益,又要坚持局部利益服从全局利益,眼前利益服从长远利益。"胡锦涛指出:"我们要更好地坚持全面发展、协调发展、可持续发展的发展观,更加自觉地坚持推动社会主义物质文明、政治文明和精神文明协调发展,坚持在经济社会发展的基础上促进人的全面发展,坚持促进人与自然的和谐。"他特别强调:"协调发展,就是要统筹城乡发展、统筹区域发展、统筹经济社会发展、统筹国内发展和对外开放,推进生产力和生产关系、经济基础和上层建筑相协调,推进经济、政治、文化建设的各个环节、各个方面相协调。"历经30多年的改革开放，社会主义现代化建设取得了举世瞩目的伟大成就，从生产力到生产关系、从经济基础到上层建筑都发生了意义深远的重大变化，但由于人口多、底子薄、发展不平衡，中国在发展的过程中仍面临一系列突出的矛盾和问题，需要在更好的统筹协调中推动经济发展和社会进步。习近平总书记高度关注新历史条件下中国社会的协调发展问题，他强调指出："物质文明与精神文明要协调发展。物质文明的发展会对精神文明的发展提出更高要求，尤其是经济的多元化会带来文化生活的多样化，只有把精神文明建设好，才能满足人民群众多样化的精神文化生活需求。""由于欠账过多、基础薄弱，我国城乡发展不平衡不协调的矛盾依然比较突出，加快推进城乡发展一体化意义更加凸显、要求更加紧迫。"这些重要论述，深刻阐明了协调发展对于全面建成小康社会的重要性和现实紧迫性。

党的十八届五中全会聚焦全面建成小康社会奋斗目标，着眼"十三五"时期面临的问题和挑战，提出了当今中国社会发展的五大发展理念。五大发展理念是一个既相对独立、各有侧重又紧密联系、相互融合的有机整体。其中，协调发展理念具有不可替代的作用，它聚焦发展中面临的不平衡、不协调的诸类矛盾和难题，是发展的偏向点、着力点，也是发展的重要驱动力。协调发展理念，既反映了发展的整体性要求又切中了发展面临的问题与挑战，充分体现目标导向和问题导向相统一，为破解发展难题、增强发展动力，促进全面建成小康社会提供了强大的思想利器和基本遵循。

二、积极培育和践行社会主义核心价值观，为新形势下经济社会协调发展提供价值力量支撑

协调发展既是全面建成小康社会的重要理念，也是我们要采取的重大战略举措。在十八届五中全会公报里，中央明确提出协调发展是要正确处理好发展中的那些重大关系，而且还具体提到了城乡协调发展、经济社会协调发展以及新型工业化、信息化、城镇化、农业现代化等方面的同步发展,还特别提到国家的硬实力和软实力的整体发展。在全面建成小康社会的关键时期,坚持协调发展理念,就必须积极培育和践行社会主义核心价值观。

首先,积极培育和践行社会主义核心价值观,是世界大变革时期增强国家软实力、促进国家整体发展的需要。当今世界正处在大发展大变革大调整时期,世界多极化、经济全球化深入发展,科学技术日新月异,社会信息化持续推进,综合国力的竞争更加激烈。综合国力是国家经济硬实力和文化软实力的合力,衡量综合国力的竞争力,既要看其“硬”“软”实力的强弱,又要看其“硬”“软”实力之间的协调性。国家“硬”“软”实力的强弱及其两者之间的协调程度,决定着国家的命运和未来。随着世界的深刻复杂变化,各种思想文化交流交融交锋更加频繁,被称为文化的精髓或灵魂的核心价值观在社会发展和国家安全中的生命线作用越来越突出。习近平总书记在阐述核心价值观与文化软实力之间的关系时强调指出:“核心价值观是文化软实力的灵魂”“是决定文化性质和方向的最深层次要素”“一个国家的文化软实力,从根本上说,取决于其核心价值观的生命力、凝聚力、感召力”。积极培育和践行社会主义核心价值观,对于增强国家综合国力的竞争力,不仅具有必要性,而且具有现实紧迫性。从社会主义文化建设层面看,我国是文明古国,是文化资源大国,但还算不上是文化强国,迫切需要加快建设与我国深厚文化底蕴和丰富文化资源相匹配、与中国特色社会主义事业总体布局相适应、与建设富强民主文明和谐的社会主义现代化国家的目标相承接的社会主义文化强国。从社会主义核心价值观建设层面看,自党的十六届六中全会提出社会主义核心价值体系这一重要命题,特别是党的十八大提出以“24 字”为具体内容的社会主义核心价值观以来,党中央大力加强社会主义核心价值体系建设,积极培育和践行社会主义核心价值观,引起了我国社会价值领域的深刻变革。但是,还必须清醒地认识到,社会主义核心价值观建设任重道远,许多重大理论和实践问题,急需予以科学的阐释和有说服力的回答;面对国家治理领域的严峻挑战,迫切需要我们积极培育和弘扬社会主义核心价值观,为实现全面深化改革的总目标提供价值引领和政策导向;"24 字"的价值观内容,需要在价值观自信的基础上落细落小落实,内化于心、外化于行。从公民价值观的实然层面看,当今我国公民的价值取向总体是向上向善的,主流是健康发展的,但也存在着较严重的价值扭曲现象。面对道德建设领域的种种挑战,迫切需要我们针对道德生活中的突出问题,凝练公民个人行为选择的价值准则,依靠社会主义核心价值观的强大感召力,促进崇德向善良好道德风尚的形成。这就要求我们,在新的时代条件下,必须抓好用好我国发展的重要战略机遇期,积极培育和弘扬社会主义核心价值观,促进社会主义先进文化的大繁荣大发展,使我国的"硬""软"实力在良性互动中推进社会主义现代化建设事业的跨越式发展。

其次,积极培育和践行社会主义核心价值观,是"四个全面"战略布局下确保我国改革协调发展、全面进步的需要。目前,我国改革进入攻坚期和深水区,需要克服的矛盾十分复杂,需要解决的问题十分繁重。改革本身就是一项复杂巨大的系统工程,深化改革涉及经济、政治、教育、科技、文化体制、社会建设、生态建设等各个方面,需要顾全大局、相互协调、相互配合,这就需要有立足高远的顶层设计和统筹兼顾的战略布局,以确保社会主义现代化建设事业的协调发展、全面进步。党的十八大以来,以习近平同志为总书记的党中央从坚持和发展中国特色社会主义全局出发,针对新形势下的机遇、挑战和历史任务,提出全面建成小康社会、全面深化改革、全面依法治国和全面从严治党这"四个全面"的重大战略布局,深化了对党的执政规律、社会主义建设规律、人类社会发展规律的认识,为新形势下全面深化改革、整体推进社会主义现代化建设的协调发展提供了理论指导和实践指南。

培育和践行社会主义核心价值观,渗透在建设中国特色社会主义的总布局之中,同"四个全面"战略布局紧密联系在一起,是"四个全面"战略实施的内在要求。这是因为,培育和践行社会主义核心价值观,能够成为凝聚方方面面力量的精神纽带,发挥其强大的感召力、凝聚力和引导力,在全社会形成巨大的价值共识和思想共鸣,凝聚全面建成小康社会、实现中华民族伟大复兴中国梦的强大正能量;能够确保全面深化改革的正确方向,为全面深化改革、实现国家治理体系和治理能力现代化提供价值标准;能够为全面推进依法治国提供价值力量支撑,营造全面推进依法治国的良好思想道德环境;能够为全面从严治党提供思想保障,不断夯实党员干部廉洁从政的思想道德基础,筑牢拒腐防变的思想道德防线。

再次,积极培育和践行社会主义核心价值观,是"十三五"期间应对发展中凸显的矛盾和问题,保证全面建成小康社会如期实现的需要。我们要建成的小康,是一个全面的、发展平衡的小康。"十三五"期间是全面建成小康社会的决胜阶段,有不少改革中难啃的"硬骨头"需要啃掉,有许多日益突出的发展中的矛盾亟待解决。其中的很多问题都涉及发展的不平衡问题,都与社会公平正义相关,都需要社会主义核心价值观的力量。例如,党的十八届五中全会提出了全面建成小康社会的新的目标要求,强调到2020年"我国现行标准下农村人口实现脱贫,贫困县全部摘帽,解决区域性整体贫困"。习近平总书记极为重视扶贫工作,他强调指出:"扶贫开发是我们第一个百年奋斗目标的重点工作,是最艰巨的任务。现在距离实现全面建成小康社会只有五六年时间了,时不我待。扶贫开发要增强紧迫感,真抓实干、不能空喊口号,绝不能让困难地区和困难群众掉队。要以更加明确的目标,更加有力的举措,更加有效的行动,深入实施精准扶贫、精准脱贫。项目安排和资金使用都要提高精准度,扶到点上、根上,让贫困群众真正得到实惠,绝不能让一个困难地区、困难群众在小康建设的道路上掉队。"这就告诉我们,在"十三五"期间,坚持协调发展理念,就必须以全面建成小康社会的高度责任感和强烈紧迫感,把扶贫工作作为重点工作切实抓好。让贫困群众如期脱贫,最终实现共同富裕,体现了社会主义制度的优越性,反映了社会主义现代化国家的价值诉求。因此,积极培育和践行社会主义核心价值观,能够把人们的思想行为统一到社会主义价值目标上来,统一到党中央的战略决策上来,顾全大局,同心同德,为全面建成小康社会的如期实现而努力奋斗。

参考文献:

[1]《毛泽东文集》第 7 卷,人民出版社 1999 年版。

[2]《邓小平文选》第 2 卷,人民出版社 2002 年版。

[3]《十三大以来重要文献选编》中,人民出版社 1991 年版。

[4]《十六大以来重要文献选编》上,中央文献出版社 2005 年版。

(原载于《中国高等教育》2016 年第 8 期)

贯彻协调发展新理念,构筑均衡融合新格局[*]

  "十三五"规划建议提出,为实现"十三五"时期发展目标,破解发展难题,厚植发展优势,必须牢固树立"创新、协调、绿色、开放、共享"五大发展理念。其中,协调是持续健康发展的内在要求。现代协调发展理论是人类文明进程中对发展模式不断总结和反思形成的产物,其思想渊源最早可以追溯到农业社会,并随着工业文明的发展而逐渐形成。

一、协调发展理念由来

  农业社会早期注重对人与自然关系的哲学思考,中国古代的"天人合一""中庸之道、兼容并包"的哲学思想就是对协调发展理念的阐释。这一时期,协调发展侧重于人与自然的可持续发展,例如孟子"数罟不入洿池""斧斤以时入山林"的农业发展观①,李悝"尽地力之教"的农业经济思想②。古典经济学时期,协调发展由从人与自然关系转向社会关系的探讨。英国古典政治经济学创始人威廉·配第认为协

---

* 本文作者:张辉,男,江苏盐城人,北京大学经济学院教授。
 基金项目:国家社科基金重大项目"改革开放以来我国经济增长理论与实践研究"
① 朱熹:《四书章句集注·孟子·梁惠王上》,北京:中华书局1983年版,第203页。
② 班固:《汉书·食货志》,北京:中华书局1999年版,第948页。

调意味着等价交换①,法国重农学派创始人魁奈提出的"纯产品"学说②表达了平衡就是协调的思想。亚当·斯密的理论框架中,协调意味着经济人在专业分工基础上的自由选择、自愿交换,"看不见的手"是协调的最好工具③。马歇尔运用供求理论,开辟了以边际分析为特征的新古典经济学,均衡价值论成为协调发展的主流理论④。在这一基础上,新古典经济学提出帕累托最优的协调标准,并通过瓦尔拉斯的拍卖人机制论证了局部协调到瓦尔拉斯一般均衡意义上的全局协调的可能性⑤。

然而1929年的全球经济危机表明协调问题无法依靠市场自发解决。在这一背景下,凯恩斯提出有效需求不足理论,论证了市场缺陷导致市场失灵,因此政府必须干预经济,从宏观领域发展了协调理论⑥。与此同时,里昂惕夫提出著名的投入产出分析法,将协调与协调发展的研究深入到产业内部和方法层次上⑦。20世纪70年代西方滞胀使得凯恩斯主义面临重大危机,在弗里德曼为代表的货币主义学派和卢卡斯为代表的理性预期学派的影响下,协调发展理论进入新古典主义经济学时期,有限理性、产权、博弈论、信息不对称等理论被引入经济学主流范畴,微观协调与宏观协调并重成为近些年来协调发展理论的共识。

---

① 威廉·配第:《赋税论》,马妍译,中国社会科学出版社2010年版,第39—40页。
② 魁奈撰:《魁奈经济著作选集》吴斐丹、张草纫译,商务印书馆1979年版,第90页。
③ 亚当·斯密撰:《国富论(下)》郭大力、王亚南译,上海三联书店2009年版,第23页。
④ 马歇尔:《经济学原理(三)》刘生龙译,中国社会科学出版社2007年版,第733—759页。
⑤ 瓦尔拉斯:《纯粹经济学要义》蔡受百译,商务印书馆1989年版,第144—168页。
⑥ 凯恩斯:《就业、利息和货币通论》,高鸿业译,商务印书馆1999年版,第32—37页。
⑦ 参见里昂惕夫:《投入产出经济学》,崔书香译,商务印书馆1980年版,第142—160页。

总而言之,自马歇尔以来,协调主要体现为均衡,不同协调理论的差别主要集中在对协调的决定力量、影响因素及其实现机制上的不同认识。因此,本文在梳理中国协调发展战略变迁的基础上,结合现阶段协调发展的特征,提出了五点策略建言。

二、中国协调发展现状

(一)区域协同

近年来我国区域发展相对差距总体呈缩小趋势,经济群、城市群经济支撑能力明显提高,但发展不平衡现象依然存在,协调发展仍然存在较大空间。从 GDP 总量上看,改革开放之初东、中、西和东北分别占全国 GDP 总量的 43.56%、21.57%、20.88%和 13.98%,2006 年东部所占比重达到峰值 55.50%,同期中、西和东北则下降到 18.67%、17.33%和 8.50%;之后东部则逐渐降低,2014 年东、中、西和东北所占比重则分别为 51.16%、20.27%、20.18%和 8.40%。从 GDP 增速看,近年来我国经济进入新常态,2014 年全国 GDP 增速为 7.40%,但大部分地区仍保持较高增长速度。其中,东部、中部、西部、东北平均增速分别为 7.96%、7.83%、9.24%和 5.01%,西部地区增速最快,东中部其次,而东北地区则落后于全国水平①。

(二)城乡一体

从城乡一体发展看,目前,城乡统筹发展的制度框架初步形成,促进了农村地区的社会经济发展,但城乡二元结构依然存在,城乡差距仍处较大区间。2003 年—2014 年,农村居民人均可支配收入由2622.2 元增加到 10489 元,年均增长率为 13.43%,比城镇居民高1.65 个百分点。不过,城乡居民收入和支出仍存在巨大差距,农村整

---

① 数据来源:国家统计局网站,www.stats.gov.cn,以下未列明数据来源均来自国家统计局网站。

体生活水平远低于城镇。1978 年城乡居民可支配收入比为 2.57,1985 年为最低 1.86,之后一路攀高,2009 年达到新高 3.33,之后则逐步降低,2014 年已降低到 2.75。城乡居民消费支出比为 2.38,仍然处于高位①。义务教育方面,我国农村中小学生人数占全国中小学生人数 80% 左右,而农村义务教育经费占 GDP 比重不到 1%,低于发达国家 2%—5% 的水平②。医疗卫生服务上,2014 年城乡每万人拥有卫生技术人员数比为 2.56,高于 1998 年的 2.21。最低生活保障上,2013 年城乡低保平均标准比为 1.84,农村相对滞后③。

(三)工业化与信息化

当前我国两化深度融合已取得一定进展,但仍面临一系列突出问题。在产业演进层面,1952 年—1978 年,工业占全国 GDP 的比重在震荡中上升,在 1978 年和 1980 年达到顶峰 44%。自 2002 年以来,工业占总 GDP 比重稳步下降,2014 年下降到了 36%④。2014 年,工业对 GDP 增长的拉动下降至 2.6 个百分点,工业对 GDP 增长的贡献下降至 35.40。在生产环境层面,根据中国电子信息产业发展研究院 2015 年 1 月公布的《2014 年中国信息化与工业化融合发展水平评估报告》,2014 年全国两化融合发展总指数为 66.14,与 2013 年相比增长了 4.19。其中,基础环境指数为 71.71,增长了 6.84;工业应用指数为 59.70,增长了 2.36;应用效益指数为 73.43,增长了 5.16。总之,2011 年—2014 年我国两化融合总指数及各项分指数每年均有不同幅度增长。

---

① 数据来源:2014 年数据来自国家统计局网站,www. stats. gov. cn;1978 年数据来自《新中国 60 年统计资料汇编》,中国统计出版社 2010 年版。

② 数据来源:《中国教育统计年鉴》,人民教育出版社历年。

③ 数据来源:《中国民政统计年鉴》,中国统计出版社历年。

④ 数据来源:《新中国 60 年统计资料汇编》,中国统计出版社 2010 年版。

（四）物质文明与精神文明

从物质文明与精神文明建设看，我国精神文明建设取得重大进展，但仍存在较大发展空间。从文化事业资金投入看，全国人均文化事业费由2000年的5.11元增加到2014年的42.65元。文化产业加速发展，2013年，我国文化产业增加值为2.1351万亿，占GDP比重为3.63%。但是，我国的精神文明仍然落后于物质文明的需求。例如我国的文化产业仍然处于较低水平。世界知识产权组织的数据显示，2013年，全球文化产业增加值占GDP的比重平均为5.26%，约75%的经济体在4.0%~6.5%之间，其中最高的美国达到11.3%①。因此中国的文化产业发展仍然相对滞后。

（五）经济建设与国防建设

从经济建设与国防建设融合发展看，我国两大建设融合发展取得了一定成就，但军民融合度仍然处于较低水平，落后于主要发达国家。目前我国正处于从初步融合向深度融合的过渡阶段，各主要领域的军民融合度只有30%左右②。因此，以下问题值得我们关注：第一，军工企业相对独立封闭，不适应开放式发展。我国军工企业与民用企业技术资源交流较少，阻断了社会中军民技术间的横向协同和互动。而国外军工企业与民用企业高度融合已经成为趋势，例如美国近1/3的民用企业与军工技术研制有关，美国最大的军火供应商主要是洛克希德·马丁、波音、通用动力等军民兼营公司；第二，军民用技术融合程度不高，技术兼容性差，军工企业竞争意识不强且缺乏沟通的平台。而发达国家在这一方面做得相对较好，例如美国军民两用技术中大部分技术来自民用企业，因此除特殊军用专用技术外，大部分技术来自民用企业。

---

① 数据来源：世界知识产权组织网站，www.wipo.int。
② 国防大学：《中国军民融合发展报告2014》，国防大学出版社2015年版，第3页。

三、协调发展策略建言

(一)推动区域协同发展

"十三五"时期,区域协调中要均衡不同区域人群实现发展的协调性,区位和功能定位的差异不能成为发展差异的硬约束。在总体空间布局上要继续统筹实施东、中、西和东北"四个板块"和"三大支撑带"的战略组合,推动西部基础设施在内的重大项目建设、东北老工业基地振兴、中部地区崛起,充分发挥"一带一路""长江经济带""京津冀协同发展"三大经济带的枢纽网络和支撑带动作用。

空间协调开发,在国土空间开发中,必须统筹人口、经济、资源环境的空间均衡。遵循人口与经济协调的原则,集聚经济的区域要同时集聚相应规模的人口,促进缩小区域间人均收入差距。在具体的区域发展战略中,要坚持轴带结合,加强轴带引领。在区域空间组织形态上,要加强城市群建设,提高城市群的辐射力和带动力。在国家级城市群建设上,继续提升优化已有的长三角、珠三角、京津冀三大都市群,努力打造长江中游城市群和成渝都市群;在区域性城市群建设上,要积极推动中原城市群、山东半岛城市群、辽中南城市群在内的九大城市群;在地区性城市群建设上,引导培育晋中城市群、宁夏沿黄城市群、滇中城市群在内的六大城市群。在城市群建设中,依托区域中心城市及其周边地区,加强城镇之间的要素流动和功能联系,促进产业协作、功能互补,推进区域经济协调发展。

(二)加快城乡统筹发展

城乡协调发展是新阶段下,把工业与农业、城市与乡村、城镇居民与农村村民作为一个整体,统筹谋划、综合研究,通过体制改革与政策调整,促进城乡在规划建设、产业发展、市场信息、政策措施、生态环境保护、社会事业发展的统筹协调,改变长期形成的城乡二元经济结构,实现城乡在政策上的平等、发展上的互补、待遇上的一致,是逐步达到城乡之间在经济、社会、文化、生态、空间上协调发展的过程。

全面推进以人为核心的新型城镇化。一方面要深化户籍制度改革，推进农民工市民化，加大公共财政对农村的投入。另一方面要深化土地制度改革，明晰土地产权，赋予农民土地的使用权、收益权、处分权和发展权，使农民合理合法地分享土地增值收益，保障农民权益，加快实现城乡基本公共服务均等化。在缩小城乡公共服务差距方面，加大对农村义务教育经费投入，提高农村师资队伍水平，改善中小学校办学条件和基础设施；提高农村医疗卫生水平，进一步提升合作医疗服务水平；统筹推进城乡社会保障体系建设，尽快构建覆盖城乡居民的社会保障体系；促进城乡文化事业发展，使城乡居民共享文化发展的成果。

(三)加快工业化与信息化融合

产业结构调整的关键，在于利用融合思维，打破旧有产业隔阂，培育新业态新模式，实现三次产业融合发展。一方面，要通过信息产业对传统产业(农业、工业和服务业)的改造，利用先进信息技术渗透传统产业，全面优化产业结构；另一方面，要大力发展智能装备和智能产品，推进生产过程智能化，全面提升企业研发、生产、管理和服务的智能化水平。其次，做好产学研相结合，即技术研发、人才培养、产品生产等不同社会分工在功能与资源优势上的协同与集成化，以及技术创新及应用上、中、下游的对接与耦合。

政府要不断完善制度建设、制定相关政策、给予资金支持、加强网络与信息安全等，创造宽松的创新环境，释放创新活力，推动工业化和信息化深度融合进程。信息化与工业化的融合也离不开人才的作用，因此，需要加快人力资本储备，尤其注重培养大量的科学、技术、工程、数学等方面的专业人才。发挥科研机构作为高校与生产企业之间的桥梁和纽带的作用，将高校科研成果进行转化，使其满足企业实际需求。构建以企业为主体、市场为导向，产学研相结合的协同创新体系，推动工业化和信息化的深度融合。

(四)厚植精神文明建设

在宏观决策上,要将精神文明建设放在推动"四个全面"战略布局的重要位置,坚持"两手抓、两手都要硬"。在文化事业建设上,要深化各类群众性精神文明创建活动,加强群众思想道德建设,传承中华优秀传统文化的同时积极借鉴国外优秀文化。在文化产业培育上,应积极促进文化产业发展,并给予政策、资金、人才等方面的支持。在文化对外传播上,要积极推动中华文化走出去,展示中华文化精神内涵、传播当代中国价值观念。

在网络日益发达的今天,还要注重网络精神文明建设,在积极利用网络传播正能量的同时,净化网络环境,构建文明规范的网络空间。

(五)促进军民融合发展

从指导思想上,推进经济建设与国防建设融合发展,要以五大发展理念为指引,从供给侧和需求侧两端同时发力,实现军民协同创新,增强融合发展的包容性。因此,军民融合发展要在产业链培育、人才培养等方面全面推进。

在产业链培育上,应充分发挥市场机制,加强军工企业与高校及民用企业之间的合作关系,大力发展军民两用技术,培育开放型产业链。在人才培养上,要加强军民融合人才队伍建设,探索军地共享的人才流动保障机制。通过制定合理的激励措施和便利的人才管理制度,引导军地人力资源适时、有序、双向流动。

(原载于《北京大学学报》哲学社会科学版 2016 年第 2 期)

在协调发展中加强社会主义精神文明建设[*]

　　党的十八届五中全会通过的《中共中央关于制定国民经济和社会发展第十三个五年规划的建议》(以下简称《建议》)提出,实现"十三五"时期发展目标,破解发展难题,厚植发展优势,必须牢固树立创新、协调、绿色、开放、共享的发展理念。《建议》还明确指出,创新发展、协调发展、绿色发展、开放发展、共享发展将会深刻变革中国发展全局,具有极为重要的现实意义。在这五大发展中,协调发展起着十分重要的作用,它是其他四大发展保持持续健康的内在要求和基本保障。协调发展有十分丰富的内涵,《建议》明确提出,增强发展协调性,必须坚持区域协同、城乡一体、物质文明精神文明并重、经济建设国防建设融合,在协调发展中拓宽发展空间,在加强薄弱领域中增强发展后劲。协调发展就要求推动物质文明和精神文明协调发展,不断加强社会主义精神文明建设,建设社会主义文化强国。可以说,没有物质文明精神文明的协调发展,就没有整体上的协调发展,更没有科学发展。

一、加强社会主义精神文明建设是全面建成小康社会的内在要求

　　全面建成小康社会的要义在于"全面",是社会中每一个领域都要

---

　　* 本文作者:辛向阳,男,山东安丘人,中国社会科学院马克思主义研究院研究员,博士研究生导师,法学博士,从事马克思主义中国化研究。

实现小康。社会主义精神文明建设作为整个社会系统中重要的一环，也必然以全面建设小康社会为奋斗目标。习近平指出："只有物质文明建设和精神文明建设都搞好，国家物质力量和精神力量都增强，全国各族人民物质生活和精神生活都改善，中国特色社会主义事业才能顺利向前推进。"①在全面建设小康社会的过程中加强社会主义精神文明建设，这是我们党始终强调的一个重要观点。不加强社会主义精神文明建设，物质文明建设也要受到破坏，走弯路。这是邓小平在1985年9月出席中国共产党全国代表会议闭幕会议发表讲话时提出的重要论断。邓小平指出："有了共同理想，也就是有了铁的纪律。无论过去、现在和将来，这都是我们的真正优势。"②社会文明是一个整体，既包括物质文明也包括精神文明，缺少任何一个方面，社会发展就是不完整的，也不可能良性健康地持续向前发展。在社会主义现代化建设的全过程中，包括全面建成小康社会的过程中，必须始终重视物质文明的发展，牢牢抓住经济建设这个中心，把经济总量和质量不断推向新台阶，这是实现中华民族伟大复兴的强大基础，是任何时候都不能动摇的。同时，必须始终重视社会主义精神文明建设，重视思想政治建设和人的文明素质、社会道德建设，这是促进经济发展和社会全面进步的重要保障，也是任何时候都不能动摇的。

社会主义社会是全面发展、全面进步的社会。关于这一点，习近平在2013年5月4日同各界优秀青年代表座谈时指出："中国特色社会主义是物质文明和精神文明全面发展的社会主义。一个没有精神力量的民族难以自立自强，一项没有文化支撑的事业难以持续长久。"物质文明和精神文明一起抓，既促进经济持续发展，又促进社会全面进步，这是社会主义的本质要求。人类社会发展的历史证明，一个民

---

① 《习近平谈治国理政》，外文出版社2015年版，第153页。
② 《邓小平文选》第3卷，人民出版社1993年版，第144页。

族,物质上不能贫困,精神上也不能贫困,只有物质和精神都富有,才能成为一个有强大生命力和凝聚力的民族。"精神文明建设搞好了,人心凝聚,精神振奋,经济建设和其他各项事业就会全面兴盛。精神文明建设搞不好,人心涣散,精神颓废,经济建设和其他各项事业也难以搞好"①。加强社会主义精神文明建设,是全面建成小康社会的重要目标,也是如期实现全面建成小康社会目标的重要保证。从目标上讲,一个全面建成的小康社会就应当是一个向上向善、诚信互助风尚更加浓厚的社会,就是一个人民思想道德素质、科学文化素质比较高的社会,就是一个精神风貌为世界所称道的社会。从保障的角度看,社会主义精神文明建设既为全面建成小康社会提供正确的方向,又为全面建成小康社会提供强大的动力。

实现中国梦,是物质文明与精神文明比翼齐飞的过程;全面建成小康社会是第一个百年梦,它必然要求协调推进两大文明建设。2014年3月27日,习近平在巴黎联合国教科文组织总部发表演讲时就明确提出,实现中国梦,是物质文明和精神文明均衡发展、相互促进的结果。他指出:"没有文明的继承和发展,没有文化的弘扬和繁荣,就没有中国梦的实现。中华民族的先人们早就向往人们的物质生活充实无忧、道德境界充分升华的大同世界。中华文明历来把人的精神生活纳入人生和社会理想之中。所以,实现中国梦,是物质文明和精神文明比翼双飞的发展过程。"②实现"两个一百年"的中国梦,缺失了任何一翼都不行。随着经济社会不断发展,对精神文明建设要求也会不断提高,精神文明建设的推动力量会不断增强,社会主义精神文明必将顺应时代发展焕发出更加蓬勃的生命力。2013年五一国际劳动节前夕,习近平总书记向全国劳动模范和先进工作者致以节日祝贺时强

---

① 《江泽民论有中国特色社会主义:专题摘编》,人民出版社2002年版,第382页。
② 《习近平在联合国教科文组织总部的演讲》,《人民日报》2014年3月28日。

调,实现我们的发展目标,不但要在物质上强大起来,而且要在精神上强大起来。物质强大就是物质文明达到一个较高的水平,精神强大就是精神文明也达到一个较高水平。

二、社会主义精神文明建设中存在的不协调问题

改革开放三十多年来,我们党始终强调社会主义精神文明建设的重要性,采取了一系列举措,取得了明显的成效。但也要看到,与经济发展的程度相比,与人民的要求相比,与中国特色社会主义伟大事业的发展相比,精神文明建设的确还存在一定差距,存在一些不协调的问题。

1. 经济持续增长与公众文明素质有待提高存在落差。党的十八届五中全会明确指出,目前发展中存在的问题之一就是人们文明素质和社会文明程度有待提高。到 2015 年 10 月,中国的人均 GDP 已经达到 7800 美元,达到上中等国家的收入标准。但是,一些人的文明素质并没有随之提高。社会生活中还存在一些不健康、不文明的丑陋现象,拜金主义、享乐主义、极端个人主义在一些人中还有市场,少数人思想混乱、道德观错位、诚信缺失,是非、善恶、美丑颠倒。2013 年 12 月 25 日《青年参考》刊登了一篇题为《外媒:物质主义"占领"中国?》的文章,文章引用美国《纽约时报》的报道说,金钱能买到爱情,成为这个日益物质化的国家一些人的信念。据美国《国际商业时报》报道,2013 年调查公司益普索发起一项调查,71% 的中国人表示,他们通过拥有的物质财富来衡量自己的成功。文章还指出:"美国'Seeing red China'网站向许多'90 后'提问,中国梦对他们意味着什么。答案是房子、车子或有魅力的另一半。物质主义、消费主义、拜金主义,只要在中国的商场里快速一瞥,就很容易找到例证。"尽管这种现象不能代表中国青年群体的主流,这些文章的基本立场我们不能同意,但应当高度重视现象背后存在的深层次问题。

2. 对精神文明建设的物质投入和人力投入数量不够,影响到精神文明建设发挥作用的空间和效果。人员配置、财政投入、硬件设施建设等,都直接影响精神文明建设的效果和成果。根据以往的基本经验,可以讲,精神文明建设的投入与产出总体上是成正比例的关系,投入得多最终将会取得更好的效果,投入得少可能效果就会差一些。另外,近几年一些地方出现了精神文明建设指导委员会办公室指导功能相对弱化、社会管理具体职能突出的问题,承担了过多的具体业务,造成指导作用得不到有效发挥。

3. 农村的精神文明建设相对滞后。没有农村的小康,没有农村的精神文明建设,就没有全面建成小康社会。习近平指出:"全面建成小康社会,最艰巨最繁重的任务在农村、特别是在贫困地区。没有农村的小康,特别是没有贫困地区的小康,就没有全面建成小康社会。"①由于历史和现实的原因,农村的物质文明建设和精神文明建设都落后于城市,不及社会的平均水平,全面建成小康社会的重点难点在农村,社会主义精神文明建设重点难点也在农村。党的十七大报告强调:"重视城乡、区域文化协调发展,着力丰富农村、偏远地区、进城务工人员的精神文化生活。"农村的精神文明建设搞不好,农民的思想道德素质和科学文化素质上不去,整个社会的精神文明建设水平就难以提升。农村的精神文明建设搞好了,农民的文化水平提高了,精气神上去了,就可以充分发挥农民的积极性、主动性和创造性,促进农村的发展、农业的进步、农民生活水平的提高,整个农村的面貌焕然一新,全面建成小康社会就有了保证。

4. 在经济全球化进程中出现了国家虚无主义的思潮。当今世界,经济全球化的脚步逐步加快,国家与国家之间的贸易往来越来越频繁,全世界的交流日益加深。交往的深入发展要求资本、货物、人员等

---

① 《习近平谈治国理政》,外文出版社 2015 年版,第 189 页。

经济要素跨国自由流通。在经济全球化中获得巨大利益的发达国家要求打破发展中国家的主权壁垒,以谋求从发展中国家获得更多的经济利益。为达到这样的目的,西方发达国家从意识形态上大唱高调,鼓吹"不要国家主权的全球治理",要求弱化甚至否定民族国家主权。在国内出现了历史虚无主义的变种就是国家虚无主义。国家虚无主义危害极大,它在理论上否定马克思主义国家观,即否定马克思主义的正确性,进而否定马克思主义在中国的指导地位。实践中,否定中国共产党的领导地位,否定中国特色社会主义国家制度的科学性和合理性,力图消解中国国家主权,让渡中国国家利益,丑化中国特色社会主义制度,否认中西国家制度差异的客观性,质疑社会主义国家存在的合法性。在参与经济全球化过程中,在参与推动对外开放的过程中,在参与全球经济治理、推动国际经济治理体系改革完善的过程中,在促进国际经济秩序朝着平等公正、合作共赢的方向发展的过程中,必须始终反对国家虚无主义。

三、在协调发展中加强社会主义精神文明建设的主要路径

全面建成小康社会就要把协调发展放在突出的位置,落实协调发展就要看存在的短板。习近平在向党的十八届五中全会做的关于《建议》的说明中多次谈及短板问题:"着力解决突出问题和明显短板,确保如期全面建成小康社会","建议稿坚持问题导向,聚焦突出问题和明显短板,回应人民群众诉求和期盼。""'十三五'规划作为全面建成小康社会的收官规划,必须紧紧扭住全面建成小康社会存在的短板,在补齐短板上多用力。"全面建成小康社会存在的短板之一就是精神文明建设力度还不够,必须进一步加大。如何加大?

1. 在社会主义精神文明建设中贯穿新发展理念。党的十八届五中全会指出:"实现'十三五'时期发展目标,破解发展难题,厚植发展优势,必须牢固树立并切实贯彻创新、协调、绿色、开放、共享的发展理

念。这是关系我国发展全局的一场深刻变革。"正如习近平总书记所言,这五大发展理念,是"十三五"乃至更长时期我国发展思路、发展方向、发展着力点的集中体现,也是改革开放三十多年来我国发展经验的集中体现,反映出我们党对我国发展规律的新认识。在社会主义精神文明建设中,必须贯穿这些新的发展理念。(1)体现创新发展理念,就要求在社会主义精神文明建设中不断推进制度创新,用制度创新来推动精神文明建设。为此,应当建立健全社会主义精神文明建设评价指标,完善精神文明建设工作考核评价体系。考核评价体系包括对于各个省、市、自治区的常规考核体系建设;对于现有重大经济社会制度和政策的精神文明影响评价体系建设,对那些不利于或破坏精神文明建设的制度实行"一票否决"制,对有利于精神文明建设或能促进精神文明建设的制度实行鼓励政策。(2)体现绿色发展理念,就要求在精神文明建设中树立绿色价值观。党的十八届五中全会指出,加强资源环境国情和生态价值观教育,培养公民环境意识,推动全社会形成绿色消费自觉。在精神文明建设中还要倡导合理消费,力戒奢侈浪费,制止奢靡之风,推动形成勤俭节约的社会风尚。社会主义精神文明建设既给人们带来强大的正能量,也能使人们享受山水之美和乡愁之念。(3)体现开放发展理念,就要求在精神文明建设中善于借鉴人类文明发展的优秀成果。历史和现实都表明,人类文明是由世界各国各民族共同创造的,各国各民族人民都创造了属于自己也属于世界的文明成果,世界文明瑰宝比比皆是。这些瑰宝可以启迪我们在借鉴人类共同文明成果的基础上,更好地使社会主义精神文明建设走在人类文明发展大道的同时,给人类创造出新的辉煌。(4)体现共享发展理念,就要求在精神文明建设中努力使全体人民都能共享到精神文明建设的成果。党的十八届五中全会指出,建立个人学习账号和学分累计制度,畅通继续教育、终身学习通道。这一制度应当更多地覆盖农村地区,让农民也能得到多一些的学习机会,受到持续的教育,从而提高自

身素质。要加大对于农村地区社会主义精神文明建设的支持力度和
倾斜力度,使"老乡"不仅实现物质上的全面小康,还要实现精神方面
的全面小康。习近平同志在 2006 年还担任浙江省委书记期间就强调
了农村精神文明建设的极端重要性。他指出:"建设社会主义新农村,
人是最活跃的因素,最关键的内容,最基本的前提。新农村建设是一
项全面的建设任务,不但要抓硬件,还要抓软件;不但要有新农村,还
要有新农民;不但要推进经济建设,还要推进政治、文化和社会建设。
其核心就是人,归宿也都是人。"他进一步指出:建设新农村也应该是
农民的自身价值、自身素质不断提高的过程。他强调,如果我们改变
了农村的外在面貌,却没有改变农民的精神面貌,那么新农村建设还
是在低层次开展,"只有在建设农村、发展农业的同时,用现代文明、先
进理念武装农民、提高农民,努力使农民成为具有新理念、新思想、新
知识、新文化、新精神、新技能、新素质、新能力的新型农民,新农村建
设才具有更加深远的意义和更加长久的活力,才能取得真正的成效"。
这是极有远见卓识的论断。

2. 在重大经济政策的制定中进行道德风险评估,对于高风险的政
策应当进行适当调整。党的十八届五中全会指出,注重通过法律和政
策向社会传导正确价值取向。重大公共政策和重大建设项目,是以提
供公共物品、维护公共秩序、捍卫公共利益、推动社会发展、促进社会
稳定与和谐为总体目标的,其本身就蕴含着伦理诉求和道德价值,对
社会道德风尚的培育和主流价值导向的确立具有直接和间接的影响,
对精神文明建设具有重要作用。每一项重大公共政策和重大建设项
目出台前,应当组织相关专家、社会代表和政府部门代表对可能产生
的道德影响,以及是否与公序良俗相冲突等问题开展评估。要建立以
社会主义核心价值观为导向的道德影响评估的评价标准和指标体系,
可设立重大公共政策和重大项目道德评估委员会,对政策和项目提前
介入进行评估。进行公共政策和重大项目的道德风险评估,不一定要

实行"一票否决制",而是要提醒相关方道德风险的存在,便于提早减小、化解道德风险,而不仅仅是事后的监管、改造和惩罚,这是精神文明建设的"关口前移",有利于对道德风险的有效管控。

3. 加强精神文明建设立法工作,以法治精神推动精神文明建设。要研究和借鉴一些文明程度较高国家的做法,加强精神文明建设的立法工作,包括健全规章、条例、制度、法规等,做到精、细、全,标准高,要求严,威慑为主,惩罚为辅,重在预防,努力使人们由"不敢做"到"不想做",最终使文明成为人们自觉的意识和行为。可以借鉴环保组织的公益诉讼制度,建立精神文明公益诉讼制度。公益诉讼制度是指对违反法律、法规,侵犯社会公共利益和不特定多数人利益的行为,任何公民、法人或者其他组织都可以根据法律的授权,向人民法院起诉,要求违法者承担法律责任的制度。要严格司法工作,加强监督监察工作,一旦发现不文明的行为立即查处,轻的轻罚,重的重罚,造成严重后果构成犯罪的,依法追究其刑事责任。使社会上的不文明现象和行为无所遁形,一经发现,严厉惩处,起到约束人们行为、净化社会风气的重要作用。相关部门要树立责任意识,由被动接受变主动出击,发现任何不文明的现象要主动承担教育、提醒,必要时提起公益诉讼。针对当今社会和网络上的许多不文明行为和不文明现象,要强化法律法规约束,尤其在网络中,由于其隐蔽性强,传播速度快,影响范围广,成为许多不文明现象滋生的领域。对那些在网络中生事、造谣、污蔑英雄和伟人的人,不能只是简单地说服教育,要加大惩处力度,要用法律法规等强制手段对其进行约束,造成严重不良后果的要依法追究其法律责任。精神文明建设应当不断法治化,使用"硬"手段净化社会环境,在防止谣言传播,以正大众视听,威慑其他造谣者等方面能发挥更为有效的作用,具有立竿见影的效果。习近平指出:"当前,社会上思想活跃、观念碰撞,互联网等新技术新媒介日新月异,我们要审时度势、因势利导,创新内容和载体,改进方式和方法,使精神文明建设始终充满生机活力。"①

4. 建立民意表达机制,听取人民群众的呼声,畅通民意上达渠道,提高精神文明建设工作的科学化水平。要进一步健全宣传思想文化服务群众制度,健全联系群众制度,宣传文化机关工作要重心下移,领导干部要定期深入基层特别是经济落后、问题较多的地方调查研究,了解群众疾苦,倾听群众呼声,帮助群众解决困难。要建立社情民意反映制度,使广大群众的呼声能在第一时间迅速反映到决策层、领导者耳中,切实解决涉及群众文化利益的各种实际问题。宣传思想文化部门要建立并完善上下之间经常性的、制度化的沟通机制,并对民意的采纳情况通过适当形式向社会反馈。加强精神文明建设,必须以最广大人民的利益为根本出发点。要坚持全心全意为人民服务的宗旨,不断健全党和政府主导的维护群众权益的制度和机制,充分发挥党组织和党员在服务群众中的作用,认真解决群众反映强烈的突出问题,切实维护群众权益,清除威胁社会和谐稳定的因素,特别是不断消除思想意识领域的一些错误观念,使精神文明建设始终沿着正确的方向前进。

5. 完善相关制度,使精神文明建设有强大的基础保障。党的十八届五中全会指出,国家治理体系和治理能力现代化取得重大进展,各领域基础性制度体系基本形成。社会主义精神文明领域的基础性制度体系也应当在 2020 年相应确立。(1)逐步建立精神文明建设投入的长效机制,使相应的财政投入随着经济的增长而不断提升。加强精神文明建设必须政府下大力气增加对精神文明建设的人力和财力投入,保障精神文明建设的人力资源和财力资源合理、高效的配置。建立精神文明建设投入的稳定增长机制,同时增加精神文明建设从业人

---

① 《人民有信仰民族有希望国家有力量锲而不舍抓好社会主义精神文明建设》,《党建》2015 年第 3 期。

员的数量,从编制、数额等方面适当放宽限制,增加精神文明建设部门人员的人数。(2)应进一步强化精神文明建设指导委员会办公室的宏观指导、沟通协调、督促落实、总结推广交流先进经验等指导职能。理顺各级精神文明建设指导委员会的关系、明确职能范围、落实部门责任、强化责任监督,为新形势下推进精神文明建设提供强有力的制度保证。(3)加强对大众流行文化领域的引导,建立相应的引导机制,把娱乐功能和精神文明教化功能相结合。影视歌等娱乐明星是青少年的偶像,对精神文明建设的影响不能低估。要建立相应的精神文明管理规章制度。对影响极坏的违法和违背道德行为的明星要有明确的惩罚制度。(4)建立对新媒体的定期阅评制度。对于那些散布错误言论的新媒体,误导精神文明建设的新媒体、自媒体,要进行约谈,情节严重的要依法进行处理。要建立和完善媒体从业人员准入制度。建立网络舆论监督员制度,管理好网络"意见领袖",尽快建立一支属于我们自己的网络意见引领队伍。要加强对网络文学的管控和引导,培养一支网络写作队伍,创作一批引导网络文化发展的、具有正能量的网络文艺作品,开展网络文学批评和研究,设立网络文学奖项,开展正确引导。

6. 强化国家主权意识,加强爱国主义教育。党的十八届五中全会指出,增强国家意识、法治意识、社会责任意识。国家意识是全面建成小康社会特别是实现中华民族伟大复兴中国梦的内在要求。国家意识是公民意识中的核心内容之一,是指公民对国家主权的认知、认同的意识,是公民基于对自己国家的历史、文化、国情的认识和理解,而逐渐积累而成的一种国家主人翁责任感、自豪感和归属感。国家主权是不可分割、不可弱化、不可让渡的。没有强大的国家主权,在经济全球化发展中,就会受到霸权国家的欺凌,人民的生活就会受到极大影响。没有国家主权,就没有安居乐业的环境,更没有充满欢笑的家。强化国家主权意识,需要加强对全体公民进行爱国主义教育。可以通过课堂教学、影视动画、实践体验、理论宣讲、大型活动、重大节日等对全体国民进行爱国主义教育。特别要加强宣传普及对我国近现代史的教育,了解我们的国家独立是无数先烈抛头颅洒热血、突破重重艰难困苦才实现的,来之不易。作为当代人,必须坚定不移地维护国家主权完整和安全,任何削弱破坏国家主权完整和安全的行为都必须进行坚决抵制。通过爱国主义教育,使人们的国家主权意识内化于心,外化于行,成为融入内心的坚定信仰,使全体国民自觉抵制排斥国家虚无主义等消解弱化国家主权的思想,不断巩固和强化国家主权。也要加强对比宣传世界上其他被西方通过推行所谓的"普世价值"而丧失国家主权的国家目前所面临的悲惨境遇,要倍加珍惜国家主权的完整,自觉保护国家主权安全。

1986 年党的十二届六中全会通过了《中共中央关于社会主义精神文明建设指导方针的决议》,1996 年党的十四届六中全会通过了《关于加强社会主义精神文明建设若干重要问题的决议》。30 年来,社会主义精神文明建设取得了十分显著的成效,但也遇到了一系列新挑战。一些传统的精神文明建设手段已经不能完全适应全面建成小康社会的要求。要实现精神文明建设的长足进步,就应当按照《建议》的要求,加强顶层设计和整体谋划,采取新方式和新手段,实现精神文明建设的法治化、制度化、投入常态化,促进精神文明建设在"十三五"规划期间上一个新台阶。

(原载于《理论探讨》2016 年第 1 期)

开创区域协调发展新局面[*]

　　我国是一个大国,各地发展基础和条件各异,协调区域发展是现代化进程中必须面对的重大课题。我国在"九五"时期提出实施区域协调发展战略,此后相继推出了西部大开发、东北地区等老工业基地振兴、中部崛起等一系列区域发展战略。随着这些战略的实施,我国区域发展的协调性明显增强。但是,区域发展不协调问题还没有得到根本解决。"十三五"规划纲要根据经济发展新常态下国民经济发展的新要求,丰富了区域协调发展战略的内涵,增强了区域协调发展政策措施的可操作性,提高了区域发展各项战略及其与新型城镇化等战略的协同性。全面落实"十三五"时期区域协调发展的战略部署,开创区域协调发展新局面,必须深刻认识推动区域协调发展的重大意义,协同实施国家各项区域发展战略和政策,建立健全保障区域协调发展的体制机制。

一、区域协调发展对于全面建成小康社会意义重大

　　从空间上看,国民经济是由区域经济构成的。区域经济发展不仅影响国民经济总量,也影响国民经济结构;不仅影响国民经济整体效率,也影响社会发展公平性;不仅影响经济社会发展,也影响人与自然

---

　　* 本文作者:张军扩、侯永志,国务院发展研究中心。

关系。推动区域协调发展,在全面建成小康社会进程中具有不可替代的重要作用。

有助于形成经济增长新动力。按照"十三五"规划纲要提出的目标要求,未来5年我国国内生产总值年均增长率要保持在6.5%以上。实现这样的增长目标,需要在遵循经济规律的前提下,发挥市场在资源配置中的决定性作用和更好发挥政府作用,加快培育新的区域经济增长极。"十三五"规划纲要提出,要"形成沿海沿江沿线经济带为主的纵向横向经济轴带""加快城市群建设发展"。贯彻落实这些部署和要求,将培育和形成规模不等的区域经济增长极。

有助于提高国民经济运行效率。在经济新常态下实现新发展,不能再走主要靠资源要素大规模投入的传统工业化道路,而必须着力提高经济运行效率。提高资源要素的空间配置效率,是提高经济运行效率的重要途径之一。按照"十三五"规划纲要的要求,塑造要素有序自由流动的区域协调发展新格局,将进一步促使区域分工合理化,提高各地生产专业化水平,提高资源要素空间配置效率。

有助于增进社会公平。促进区域协调发展,防止区域之间发展差距过大,是全面建成小康社会的必然要求,也是促进可持续发展的现实需要。"十三五"时期,国家将加大对革命老区、民族地区、边疆地区、贫困地区的支持力度。这将有力推动欠发达地区发展,确保这些地区的人民与全国人民一道共同迈入全面小康社会。

有助于建设美丽中国。建设美丽中国,要求各地发展必须与其资源环境承载力相适应,不能超越生态系统的许可限度。"十三五"时期,国家将强化主体功能区作为国土空间开发保护基础制度的作用,推动各地区依据主体功能定位发展。这将提高社会经济活动空间格局与资源环境承载力空间格局的匹配度,促进人与自然和谐发展。

二、协同实施国家各项区域发展战略和政策

我国幅员辽阔、人口众多,不仅省(区、市)之间差异较大,而且很多省(区、市)内部各地市的差异也较大。推动区域协调发展,不能将一种战略施诸全国各地。在实践中,我国逐步形成了多层次、多对象、多目的的区域发展战略和政策体系,包括区域发展总体战略、京津冀协同发展、长江经济带发展、"一带一路"建设以及各种功能区、特区和实验区政策等。有些战略和政策虽然没有被归为区域经济范畴,如新型城镇化战略、主体功能区制度等,但其实施会对区域经济格局产生重要影响。协同实施国家各项区域发展战略和政策,使它们的作用相互加强而不是相互抵消,是有效落实"十三五"规划纲要的必然要求。

以实施区域发展总体战略为基础。区域发展总体战略包括西部大开发、东北地区等老工业基地振兴、中部地区崛起和东部地区率先发展四大子战略,覆盖我国大陆全部国土,是全局性战略,是既能平衡区域关系,又能有针对性地解决不同区域不同发展问题的战略。全面实施这一总体战略,有利于中西部地区加快工业化、城镇化步伐,实现赶超发展;有利于东北地区等老工业基地焕发新生机、走向新繁荣;有利于沿海发达地区率先实现发展转型,带动其他地区走上可持续发展新轨道。

以京津冀协同发展、长江经济带发展、"一带一路"建设为重点。这三大战略是党的十八大后,以习近平同志为总书记的党中央根据国内外发展形势和区域经济发展新变化做出的战略新布局。它们的侧重点在于通过加强区域之间的合作打破行政壁垒,在更大的空间范围内解决区域经济发展过程中出现的问题,形成区域经济发展的合力和新动力。京津冀协同发展战略,旨在通过有序疏解北京非首都功能、优化空间格局和功能定位等,实现三地错位发展;通过一体化发展,实现三地优势互补、互利共赢、区域一体,建设以首都为核心的世界级城

市群。长江经济带发展战略,旨在通过建设沿江绿色生态走廊、构建高质量的综合立体交通走廊、优化沿江城镇和产业布局,实现长江上中下游协同发展和东中西部互动合作。"一带一路"建设,统筹国内国际两个大局,着眼于更好利用国内国际两个市场、两种资源,推动互利共赢、共同发展,鼓励和支持各地通过积极参与国际分工合作实现又好又快发展。

在市场的统一性要求和区域发展的特殊性诉求之间取得平衡。理论研究和实践经验都表明,市场越大、越广阔,就越有利于资源要素优化配置。与实施分税制改革之前相比,目前我国国内市场的统一性明显增强。但是,市场分割依然在不同程度上存在,完全消除资源要素流动的障碍还需要一个过程。在这种情形下,一些地理上毗邻的地区通过设计一定的制度和政策推动一体化发展是必要的。但要注意的是,局部地区的一体化不应发展成为更大空间范围的"行政区经济",不应设置阻碍资源要素流动的壁垒,不应谋求特殊的优惠政策,而应成为实现全国各地一体化发展的必要准备,并为之探索路径、积累经验。还应注意到,协同实施国家各项区域发展战略和政策,除对少数发展困难地区长期实施特殊政策外,对其他地区所享受的某些实验性优惠政策,要在总结经验的基础上尽快在全国范围推广。

三、全面深化改革,为区域协调发展提供根本保障

在决定区域发展格局的各种因素中,制度是最根本的因素。改革开放以来,通过建立有效激发各地发展活力和动力的体制机制,各地发展进入了快车道。但是,由于目前的体制机制仍然存在这样那样的瑕疵,导致区域发展出现了"底线竞争"、产业结构同质化等不协调现象。比如,在目前的财税制度和中央、地方财政支出责任安排下,各地公共服务供给能力、公务员工资等都与当地经济增长和财政收入水平高度相关,必然使各地在处理经济发展与资源环境的关系时过于看重

经济增长,在处理各产业之间的关系时过于看重大工业、大项目。再如,对地方干部业绩水平的评估与当地经济发展高度相关,导致一些地方形成过于强烈甚至不顾约束条件的发展冲动。又如,以全国一盘棋的思维布局生产力,尽管很合理并被广泛认可,但因现行规划对各地约束不力,在实践中难以完全落实。可见,促进区域协调发展,最根本的在于通过全面深化改革,建立健全与之相适应的体制机制。许多改革都会影响区域协调发展,其中较为直接和重要的改革有如下四个方面。

消除要素流动壁垒,进一步增强全国市场的统一性。进一步清理和废除妨碍全国统一市场建设和公平竞争的规定和做法,严禁和惩处各地违规违法出台优惠政策的行为,使各地在制定行业准入、环境保护和质量安全等标准方面坚持区域非歧视性原则,为产品和要素在区域间自由流动提供保障。

完善财税体制,形成合理有序的财力格局。进一步加强中央事权和支出责任,将关乎政令统一、市场统一、重大战略安排的事项集中到中央,将规模性和外部性比较大的公共产品和服务事项明确为中央和地方共同事权,将地理边界比较清晰的公共产品和服务明确为地方事权。在明确事权划分的基础上,进一步明确中央和地方的支出责任,并通过完善财税体制,为中央和地方履行各自的责任提供财力保障。

改革政绩考核机制,引导各地正确处理短期利益和长远利益、局部利益和整体利益的关系。在对各地政绩进行评估时,注重考察地方政府行为对长期发展和国家整体利益的影响,提高长期成效和整体效应在考核指标体系中的权重。

加强规划协调,强化规划的导向和约束作用。一是加强国家发展总体规划、各地区发展规划及各层次专项规划之间的衔接。建立人口、产业、基础设施、公共服务设施、资源环境等领域的规划信息共享机制。在规划制定过程中,加强各部门、各地区的沟通,提高各类规划的衔接性和兼容性。二是增强各类规划的权威性。促进规划编制科学化、制度化和规范化,将规划的编制、审议、实施、调整、监督等环节纳入法制轨道。三是加强对规划实施的组织、协调和督导。明确规划实施的进度要求和责任主体,开展规划实施情况动态监测和评估工作,把监测评估作为督促规划落实的重要手段。

(原载于《人民日报》2016 年 8 月 5 日)

坚持协调发展*

——"五大发展理念"解读之二

当今中国,处理复杂经济社会关系如同弹钢琴,统筹兼顾各方面发展如同指挥乐队,只有协调,才能奏响全面建成小康社会交响曲、民族伟大复兴进行曲。"五大发展理念"把协调发展放在我国发展全局的重要位置,坚持统筹兼顾、综合平衡,正确处理发展中的重大关系,补齐短板、缩小差距,努力推动形成各区域各领域欣欣向荣、全面发展的景象。协调发展理念是对马克思主义关于协调发展理论的创造性运用,是我们党对经济社会发展规律认识的深化和升华,为理顺发展关系、拓展发展空间、提升发展效能提供了根本遵循。历史必将证明,把握好"五位一体"总体布局,贯彻落实"四个全面"战略布局,做到协调发展,我国发展之路就会越走越宽广。

一、协调发展促进我国经济社会行稳致远

协调与失衡相对立。历史上,失衡的发展、失衡的体制使一些国家落入"陷阱"、陷入灾难。协调发展理念,是认识把握协调发展规律提出来的,是总结中外经济社会发展经验教训提出来的,是正视我国发展存在的不平衡问题提出来的,目的在于促进我国经济社会行稳

---

* 本文作者:任理轩。

致远。

协调发展吸取世界发展经验教训,是避免落入"中等收入陷阱"的有效之举。发展是一个整体、一个系统,需要各方面、各环节、各因素协调联动。需求无限性与供给有限性的矛盾、此消彼长或此强彼弱的矛盾、发展慢与发展快的矛盾长期存在。消弭这些矛盾,既要推进发展,又要搞好协调,实现统筹兼顾、综合平衡。这个世界,各个国家和地区都在求发展、谋发展,但发展从来不可能一蹴而就,发展进程从来不会一帆风顺,总要遇到这样那样的麻烦和陷阱,最棘手的是"中等收入陷阱"。二战结束不久,许多国家和地区进入中等收入发展阶段,协调好的国家和地区跨过了"中等收入陷阱",协调不好的国家则落入了"中等收入陷阱",难以进入高收入发展阶段。拉美一些国家已在"中等收入陷阱"里受困挣扎长达数十年。它们除了经济发展停滞不前,还饱受就业困难、贫富分化、社会动荡、腐败多发、贫民窟乱象、公共服务短缺等的困扰。因此,发展均衡与否、协调与否,成为衡量世界各国能否可持续发展的一把尺子、一道杠杠。习近平同志指出,"对中国而言,'中等收入陷阱'过是肯定要过去的"。树立协调发展理念,坚持协调发展,是我国跨越"中等收入陷阱"的一大法宝。有了它,就能补短板、强整体、破制约,增强发展的平衡性、包容性、可持续性,促进各区域各领域各方面协同配合、均衡一体发展,为实现"两个一百年"奋斗目标和中华民族伟大复兴的中国梦铺路架桥。

协调发展增强发展整体性,是全面建成小康社会的决胜之举。办成一件事,需要协调;推进一项事业,需要协调;成就一番伟业,更需要协调。协调是成事成功的一大规律、一把"金钥匙",是全面建成小康社会决战决胜的一大核心理念。当前和今后五年,我们的中心工作是全面建成小康社会。全面小康,重在"全面",难在"全面"。这个"全面",既要城市繁荣,也不让农村凋敝;既要东部率先,也要西部开发、中部崛起、东北振兴;既要物质丰裕,也要精神丰富;既要金山银山,也要绿水青山。现在,一些地方存在的只要城市这一头而丢了农村那一头、只有经济增长而无生态改善、只鼓了钱袋子而空了脑瓜子等现象,都不符合全面小康要求,也不是人们理想的幸福生活图景。要"全面",就得协调。"全面"不是自然形成的,而是协调出来的。协调就得统筹兼顾、注重平衡、保持均势,把分散的部分系统化,把发散的局部功能整体化,把薄弱区域、薄弱领域、薄弱环节补起来,形成平衡发展结构,增强发展后劲。只有牢固树立协调发展理念,坚持协调发展,才能解决我国发展中存在的区域、城乡、物质文明和精神文明、经济建设和国防建设不协调问题,促进新型工业化、信息化、城镇化、农业现代化、绿色化同步发展,在增强国家硬实力的同时提升国家软实力,不断增强发展的整体效能,进而全面建成让人民满意的小康社会。

协调发展彰显发展规律性,是提高把握发展规律能力的科学之举。马克思主义认为,人类社会是一个由各种相互联系、相互制约、相互转化的因素和领域构成的"有机体","这里表现出这一切因素间的交互作用,而在这种交互作用中归根到底是经济运动作为必然的东西通过无穷无尽的偶然事件……向前发展""这样就有无数互相交错的力量,有无数个力的平行四边形,而由此就产生出一个总的结果,即历史事变"。马克思主义关于发展的有机整体论、交互作用论、合力论等,是对人类社会发展规律的科学认识。习近平同志指出,"发展必须是遵循经济规律的科学发展,必须是遵循自然规律的可持续发展,必须是遵循社会规律的包容性发展",必须"着力提高发展的协调性和平衡性",强调要遵循经济规律、自然规律、社会规律,实现科学发展、可持续发展、包容性发展,提高发展的协调性和平衡性。这是对马克思主义人类社会发展规律的深化和具体化,是促进当代经济社会科学发展的创新理论,是当代中国切实管用的协调发展观。我们要以马克思主义为指导,深入学习习近平同志系列重要讲话精神和关于协调发展的重要论述,"向中央基准看齐",提高认识发展规律和协调发展规律的能力,提高按协调发展规律办事、促进各项事业协调发展的水平。

二、促进区域、领域、两个文明平衡发展

协调与整体关系密切。协调的范围是整体,协调的方式是发挥整体效能,协调的目的是增强发展的整体性。作为发展理念,协调有其明确内涵和要求,主要是着力解决我国长期存在的发展不平衡问题,促进经济社会持续健康发展,实现整体功能最大化。

协调发展是关系我国发展全局的一场深刻变革,要求按照中国特色社会主义事业总体布局和"四个全面"战略布局,在坚持以经济建设为中心的同时,全面推进经济建设、政治建设、文化建设、社会建设、生态文明建设,促进现代化建设各个方面、各个环节相协调,促进生产关系与生产力、上层建筑与经济基础相协调,做到两点论和重点论相统一。这是坚持唯物辩证法的基本要求,是经济社会持续健康发展的内在要求,也是做好经济社会工作的重要原则。

坚持区域协同、城乡一体发展。协调要求区域平衡,实现区域整体平衡发展。我国国土辽阔,不同地区之间自然条件不同、资源禀赋各异、历史基础有别,因而长期存在较大发展差距。这就需要统筹东中西、协调南北方,继续实施西部开发、东北振兴、中部崛起、东部率先的区域发展总体战略,重点实施"一带一路"、京津冀协同发展、长江经济带三大战略,加快构建要素有序自由流动、主体功能约束有效、基本公共服务均等、资源环境可承受的区域协调发展新格局,推动区域协调发展。由于长期存在城乡二元结构,我国城乡差距较大,有的地方"城市像欧洲、农村像非洲",有的地方市民满意、农民失意。这就需要健全城乡发展一体化体制机制,坚持工业反哺农业、城市支持农村,推进城乡要素平等交换、合理配置和基本公共服务均等化,努力实现基本公共服务常住人口全覆盖,促进农业发展、农民增收,提高社会主义新农村建设水平。区域、城乡协调发展了,我国发展就有了崭新的空间布局、合理的利益格局,就会获得广阔发展空间和充足发展后劲。

坚持经济建设与社会建设同步发展、经济建设与国防建设融合发展。协调要求各领域整体平衡,着力推动经济建设与社会建设、经济建设与国防建设等领域的整体平衡。改革开放以来,我国经济快速发展,相形之下,社会建设比较滞后,出现"一条腿长,一条腿短"的问题。在经济发展水平不高的情况下,集中精力把经济搞上去是必要的,但在经济总量做大以后则要注意经济和社会之间的平衡,否则就会出现"中等收入陷阱""阿喀琉斯之踵"等病灶,引发一系列社会矛盾。这就要求在发展经济的同时投入更多的精力和资源做好教育、就业、社会保障、医疗和公共卫生、环境保护等工作,解决人民最关心最直接最现实的利益问题,让全体人民共享发展成果。同时必须看到,维护发展成果需要强大的国防能力、稳定的发展环境。经济建设与国防建设是唇齿相依的两个方面。现阶段坚持以经济建设为中心,不能延缓和抑制国防建设。特别是当今世界还很不安宁,没有强大的国防,就不可能顺利进行经济建设,加强社会建设和维护人民利益也就成为一句空话。这就要求把国防建设深深根植于国家经济社会母体,加快形成全要素、多领域、高效益的军民深度融合发展格局,即使国防建设从经济建设、社会建设中获得更加深厚的物质支撑和发展后劲,也使经济建设、社会建设从国防建设中获得更加有力的安全保障和技术支持。

坚持物质文明和精神文明并重。协调要求"身""心"系统平衡,大力推动物质文明和精神文明平衡发展,坚持两个文明并重。对于两个文明协调发展,邓小平同志早就提出"两手抓,两手都要硬",但实际上物质文明这一手抓得比较硬、精神文明这一手抓得比较软的现象还在一定程度上存在。一些地方把 GDP 增长作为硬指标,把丰富人们精神世界作为软约束,在发展中只注重提升经济实力,忽视思想文化建设和社会文明程度提高。这就需要坚持物质文明和精神文明协调发展,两轮驱动、双翼共振,促进"硬实力"和"软实力"一起增强;坚持社会主义先进文化前进方向,加快文化改革发展,加强社会主义精神文明建设,建设社会主义文化强国;加强国际传播能力建设,推动中华文化走出去。历史一再证明,人民有信仰,民族才有希望,国家才有力量。当前,必须坚持用中国梦和社会主义核心价值观凝聚共识、汇聚力量,引导人们坚定道路自信、理论自信、制度自信,团结全国各族人民同呼吸、共命运、心连心,更好建设社会主义现代化强国。

三、将协调发展贯穿于发展各方面全过程

以协调发展理念引领经济社会发展,必须增强大局意识、协同意识、补短意识,把协调发展贯穿于发展各方面、全过程,让协调出动力、出生产力、出合力。

增强大局意识,提高发展系统性。当今时代,经济社会发展的领域越来越多、层次越来越多,各领域各层次之间关联互动越来越紧密。习近平同志强调,坚持发展地而不是静止地、全面地而不是片面地、系统地而不是零散地、普遍联系地而不是单一孤立地观察事物,准确把握客观实际,真正掌握规律,妥善处理各种重大关系。这就要求我们在大局中思考、在大局中行动,始终围绕中心、服务大局,用系统的、普遍联系的观点和方法推动工作、处理关系。这就需要我们跳出自己的"一亩三分地",识大体、谋大事、顾大局,避免"一叶障目,不见森林";勇于动自己的"奶酪",摆脱局部利益、部门利益和地区利益的束缚与羁绊,真正从国家整体利益、人民长远利益出发开展工作、推动发展,提高发展的系统性。

增强协同意识,提高发展耦合性。协调发展内在地要求协同发展,凝聚发展合力。习近平同志强调,随着改革不断深入,各个领域各个环节改革的关联性互动性明显增强,每一项改革都会对其他改革产生重要影响,每一项改革又都需要其他改革协同配合。对涉及面广泛的改革,要同时推进配套改革,聚合各项相关改革协调推进的正能量。

这就要求我们深入研究各项改革发展举措的关联性、耦合性,树立"双赢""多赢""全局赢是最大的赢""整体赢是最好的赢"的观念,摒弃"零和"思维,走出"九龙治水"、各自为政的误区,克服"各唱各的调、各吹各的号"甚至以邻为壑、损人利己的陋习,多些"雪中送炭"、多些和衷共济,使各项改革发展举措在政策取向上相互配合、在实施过程中相互促进、在实际成效上相得益彰,发生化学反应、产生共振效果。

增强补短意识,提高发展均衡性。"补厥挂漏,俾臻完善"。补短板对于协调发展至关重要。"木桶效应"告诉我们:一只木桶能盛多少水,并不取决于最长的那块木板,而是取决于最短的那块木板。习近平同志一再强调,"必须全力做好补齐短板这篇大文章"。做好补齐短板这篇大文章,要增强补短意识,认识到补短板也是谋发展促发展,也是调整比例、优化结构,增强后发优势、培植发展后劲。补齐短板意味着协调成功、整体增效。下决心优先解决涉及发展全局的那些"心头之患",补齐补牢可能导致改革发展功亏一篑的那些短板;把补短板作为一个动态过程加强研判,防止出现新的短板,不断增强发展的协调性、均衡性。"一花独放不是春,万紫千红春满园。"牢固树立协调理念,坚持协调发展,与牢固树立和贯彻落实创新、绿色、开放、共享发展理念一起,必将引领我们向着实现全面建成小康社会目标、向着实现中华民族伟大复兴的中国梦稳步前进。

（原载于《人民日报》2015 年 12 月 21 日）

协调发展:对发展问题的哲学总结*

　　协调,是马克思主义哲学的题中应有之义。"统筹协调是唯物辩证法的重要方法","也是衡量各级领导干部执政能力的重要标志"。①自中共十八届五中全会通过的《中共中央关于制定国民经济和社会发展第十三个五年规划的建议》(以下简称《建议》)中提出"创新、协调、绿色、开放、共享"五大发展理念后,②协调发展被赋予了新的理论内涵和时代要求,具有了更为丰富的理论意蕴,尤其是哲学意蕴。对协调发展问题准确、全面地把握,反映了中国共产党人从全局和战略高度对社会主义建设规律与改革开放历史经验的深刻总结。

一、协调发展是认识发展问题和把握发展观的一把钥匙

　　协调发展是经济社会持续健康发展的内在要求,协调发展理念则反映了唯物辩证法的基本要求,这一点,在《建议》《中华人民共和国国民经济和社会发展第十三个五年规划纲要》(以下简称《纲要》)以及习近平系列重要讲话等文献中都有明确的论述。值得注意的是,协调发展既是解开五大发展理念思想内核的一把钥匙,也是我们党认识

---

　*　本文作者:杨明伟,研究员,中共中央文献研究室第一编研部。
　①　习近平:《在全省经济工作会议上的讲话》,《政策瞭望》2006 年第 1 期。
　②　《中共中央关于制定国民经济和社会发展第十三个五年规划的建议》,《人民日报》2015 年 11 月 4 日。

发展问题和把握发展观的一把重要的钥匙。

(一)协调发展是经济社会持续健康发展的内在要求,协调发展理念是坚持唯物辩证法的基本要求

之所以说协调发展是经济社会持续健康发展的内在要求,是因为经济社会要实现持续健康发展,本身就要求区域协同、城乡一体,要求经济建设与社会建设同步、经济建设与国防建设融合,要求物质文明和精神文明并重,这些恰恰是客观发展规律的内在要求。坚持不懈地推进协调发展,也恰恰反映了中国特色社会主义发展全局的深刻变革。

之所以说协调发展理念充分反映了唯物辩证法的基本要求,是因为它是在充分尊重客观发展规律基础上提出来的,它立足于马克思主义哲学的辩证思维,讲求的是对立统一,在不平衡、不协调、不可持续的经济社会矛盾关系中追求发展布局、发展关系、发展空间、发展要素、发展环节、发展进程上的协调性,反对的是极端发展、孤立发展、片面发展、单一发展,是客观要求在主观认识上的完整体现。

从坚持和发展中国特色社会主义的全局出发,就必须协调推进"四个全面"战略布局,并在全面推进经济建设、政治建设、文化建设、社会建设、生态文明建设过程中,着力促进现代化建设各个方面、各个环节相协调,促进生产关系与生产力、上层建筑与经济基础相协调,坚持两点论和重点论相统一。这些是在实践中坚持唯物辩证法的基本要求,也是经济社会持续健康发展的内在要求,是我们做好工作的基本遵循。

(二)协调发展是认识发展问题和把握发展观的一把钥匙

在马克思、恩格斯和列宁的著作中,可以找到众多有关人与自然、经济社会发展、社会内部各管理机构中各种元素之间相互对立又相互统一的论述,其中不乏对矛盾关系"协调一致"问题的关注。我们党讲协调发展由来已久,并始终把统筹协调作为实践探索和认识总结的一

把关键的钥匙。从以毛泽东为核心的党的第一代中央领导集体开始,党的历届中央领导集体都善于从唯物辩证法的立场出发,对这把钥匙有着深刻的把握和独到的运用。

习近平指出:"我们党在带领人民建设社会主义的长期实践中,形成了许多关于协调发展的理念和战略。"①翻开中国共产党领导人民探索社会主义建设的历史可以看到,我们党始终把协调发展和协调理念摆在突出的位置,把统筹兼顾、全面发展既作为发展手段,又作为发展目标。

早在新中国成立之初,毛泽东在谈到经济"平衡"问题时,就提出了"统筹兼顾"的经济社会发展方针,他指出:"在统筹兼顾的方针下,逐步地消灭经济中的盲目性和无政府状态,合理地调整现有工商业,切实而妥善地改善公私关系和劳资关系,使各种社会经济成分,在具有社会主义性质的国营经济领导之下,分工合作,各得其所,以促进整个社会经济的恢复和发展。有些人认为可以提早消灭资本主义实行社会主义,这种思想是错误的,是不适合我们国家的情况的。"②1956年社会主义改造完成以后,毛泽东又明确指出,在社会主义建设过程中,"问题是层出不穷的,比如生活问题、工作问题、经济性质的问题、政治性质的问题、文化性质的问题。所谓问题,就是矛盾,世界是充满了矛盾的。今天你们提的问题,就是矛盾,就是不协调,摆得不平衡"。③ 从中可以看出,毛泽东明确主张从协调、平衡角度解决矛盾和处理问题。习近平在阐述协调发展理念时还特别提到了毛泽东"统筹兼顾"的思想和方法,推崇毛泽东在《论十大关系》和《关于正确处理人民内部矛盾的问题》等著作中通过普遍联系观点和"统筹兼顾、适当

---

① 习近平:《在省部级主要领导干部学习贯彻党的十八届五中全会精神专题研讨班上的讲话(2016年1月18日)》,《人民日报》2016年5月10日。

② 《建国以来毛泽东文稿》第1卷,中央文献出版社1987年版,第394页。

③ 《毛泽东文集》第7卷,人民出版社1999年版,第175页。

安排"方针所表达出来的协调发展理念与战略。①

改革开放初期,邓小平曾经提出,实施试办经济特区等经济体制改革的重大措施,就是为了将来"持续、稳定、协调发展打下基础"。②他在谈到经济社会发展规划和小康社会目标问题时也强调了"持续、稳定、协调地发展"③的重要内容。1992 年,邓小平在"南方谈话"中提醒人们既要"抓住时机,发展自己",也特别强调:"不是鼓励不切实际的高速度,还是要扎扎实实,讲求效益,稳步协调地发展。"④这些都表明邓小平对发展速度与协调发展之间辩证关系的特别关注。

进入新世纪以后,江泽民针对我国经济社会发展中出现的与人口资源环境不相协调的突出问题,着重提出"实现经济社会和人口资源环境协调发展"的战略思想,要求全党在"开始实施现代化建设第三步战略部署"的过程中,要"实现可持续发展","既要保持经济持续快速健康发展的良好势头,又要抓紧解决人口、资源、环境工作面临的突出问题,着眼于未来,确保实现可持续发展的目标"。江泽民特别强调:"实现可持续发展,核心的问题是实现经济社会和人口、资源、环境协调发展",并提醒大家"按照可持续发展的要求,正确处理经济发展同人口、资源、环境的关系,促进人和自然的协调与和谐,努力开创生产发展、生活富裕、生态良好的文明发展道路"。⑤

党的十六大以后,以胡锦涛为总书记的党中央进一步实施可持续发展战略,紧紧抓住"实现经济发展和人口、资源、环境相协调"这条

---

① 习近平:《在省部级主要领导干部学习贯彻党的十八届五中全会精神专题研讨班上的讲话(2016 年 1 月 18 日)》,《人民日报》2016 年 5 月 10 日。
② 《邓小平文选》第 3 卷,人民出版社 1993 年版,第 130 页。
③ 《邓小平文选》第 3 卷,人民出版社 1993 年版,第 143 页。
④ 《邓小平文选》第 3 卷,人民出版社 1993 年版,第 375 页。
⑤ 《江泽民文选》第 3 卷,人民出版社 2006 年版,第 461~462 页。

"建设中国特色社会主义必须坚持的基本经验",①把协调发展问题"摆到更加突出的位置",着力解决改革发展面临的突出矛盾和不够协调的问题,着力推动经济社会协调发展,推进中国特色社会主义各方面事业协调发展。在提出并阐述科学发展观深刻内涵的时候,胡锦涛清醒地认识到,"促进经济社会协调发展,是建设中国特色社会主义的必然要求,也是全面建设小康社会的必然要求"。他明确要求:"各地区各部门都要把促进经济社会协调发展摆到更加突出的位置,在发展规划中加以体现,在工作部署中加以落实,不断提高各级干部促进经济社会协调发展的自觉性主动性。"②在制订"十一五"规划和"十二五"规划过程中,胡锦涛都特别强调要"切实把经济社会发展转入以人为本、全面协调可持续发展的轨道"③;强调"要坚持统筹兼顾,处理好各方面重大关系,推动经济建设、政治建设、文化建设、社会建设以及生态文明建设协调发展"④。

上述认识反映了中央领导集体在认识发展问题和把握发展观上,对协调问题的高度重视,正如习近平所说:"这些都体现了我们对协调认识的不断深化,体现了唯物辩证法在解决我国发展问题上的方法论意义。"⑤

二、五大发展理念是"具有内在联系的集合体",蕴含着整体性和协调性的哲学思维

在当今中国,协调发展理念又融入了更为深刻和广泛的哲学意

① 丁伟:《做好新世纪新阶段的人口资源环境工作 确保实现全面建设小康社会的宏伟目标》,《人民日报》2003 年 3 月 10 日。
② 《十六大以来重要文献选编》上,中央文献出版社 2005 年版,第 396 ~ 397 页。
③ 《十六大以来重要文献选编》中,中央文献出版社 2006 年版,第 1090 页。
④ 《中央经济工作会议在北京举行》,《人民日报》2011 年 12 月 15 日。
⑤ 习近平:《在省部级主要领导干部学习贯彻党的十八届五中全会精神专题研讨班上的讲话(2016 年 1 月 18 日)》,《人民日报》2016 年 5 月 10 日。

蕴。要理解这种意蕴,首先就要完整理解五大发展理念这个集合体。以习近平同志为核心的党中央通过《建议》,在我国全面建成小康社会决胜阶段提出了有关经济社会发展的一些新思路,其中最突出的理论成果是提出"创新、协调、绿色、开放、共享"的发展理念。这五大发展理念作为一个整体,既集中地反映了改革开放 30 多年来我们党领导人民探索中国特色社会主义建设道路的发展经验,也反映了党的十八大以来中央领导集体对我国发展规律的新认识。

(一)提出五大发展理念,体现了我们党在发展观上的整体性思维

五大发展理念不是各自孤立存在的发展观念,而是一个相互依存、有机联系的整体,是一个集合体。《纲要》明确提出:"创新、协调、绿色、开放、共享的新发展理念是具有内在联系的集合体,是'十三五'乃至更长时期我国发展思路、发展方向、发展着力点的集中体现,必须贯穿于'十三五'经济社会发展的各领域各环节。"①习近平在党的十八届五中全会的讲话中也特别强调:"这五大发展理念相互贯通、相互促进,是具有内在联系的集合体,要统一贯彻,不能顾此失彼,也不能相互替代。哪一个发展理念贯彻不到位,发展进程都会受到影响。全党同志一定要提高统一贯彻五大发展理念的能力和水平,不断开拓发展新境界。"②这一观点充分体现了马克思主义的唯物辩证法。马克思主义哲学认为,事物的发展是矛盾统一体的运动过程,必须从统一体角度、从整体角度看问题,从整体内部不同事物、不同部分、不同侧面以及发展的不同阶段之间的有机联系看问题。理解五大发展理念,首先必须从整体观出发。

看到整体、看到系统是理解五大发展理念的前提,它们之间是内

---

① 《中华人民共和国国民经济和社会发展第十三个五年规划纲要》,《人民日报》2016 年 3 月 18 日。

② 《习近平总书记〈在党的十八届五中全会第二次全体会议上的讲话(节选)〉》,《人民日报》2016 年 1 月 1 日。

在有机联系的、相互协调的整体，不是孤立存在的。而贯彻落实五大发展理念，也必须从整体、系统入手，"不能顾此失彼，也不能相互替代"。①

五大发展理念的提出，体现了我们党在发展观上的整体性思维，反映了我们党在新的历史条件下领导经济社会发展过程中对目标导向与问题导向的整体性把握。因此，深入理解和贯彻落实五大发展理念，要采取全面系统的整体性思维方式，既不能孤立地来看，更不能孤立地运用。

（二）提出五大发展理念，也蕴含着我们党在发展观上的协调性思维

辩证法在解决对立统一的矛盾关系时，既强调观察事物的整体性，也强调而且尤其强调抓住社会实践中矛盾关系的协调性。马克思主义辩证法体现在中国特色社会主义建设实践中，也讲究从实际出发的协调性思维，注重统筹协调。五大发展理念，针对的是在经济社会发展中出现的不协调、不平衡的突出矛盾和问题，解决这些矛盾和问题，需要辩证思维和协调性思维。

协调发展理念更突出地体现了五大发展理念中蕴涵的协调性思维，它是由经济社会持续健康发展的内在要求提出来的。协调发展，着重解决的是我们经济社会发展中长期存在的不平衡、不协调和不可持续的矛盾和问题。五大发展理念中的其他发展理念也蕴含着丰富的协调性，如创新发展着眼于解决发展动力不足的矛盾和问题；绿色发展着眼于解决人与自然的矛盾以及不协调、不和谐问题，注重的是发展的可持续性、永续性；开放发展着眼于解决内外联动中存在的复杂矛盾和新问题；共享发展着眼于解决社会公平正义问题和由此产生

---

① 《习近平总书记〈在党的十八届五中全会第二次全体会议上的讲话（节选）〉》，《人民日报》2016 年 1 月 1 日。

的突出矛盾。

总之,五大发展理念体现出的整体性和协调性思维,充分反映了事物发展的复杂性和多样性,反映了中国特色社会主义事业发展中所面临的突出问题和主要矛盾。作为一个整体,五大发展理念之间也存在一个协调的问题。要构建这五大发展理念之间的协调,最根本的方法就是"统筹兼顾"。习近平在阐述如何"深入理解新发展理念"时,特别强调要从"增强发展的整体性协调性"上着力,①讲的就是这个道理。

五大发展理念着重讲的是方法论,是以习近平同志为核心的党中央在探索中国特色社会主义发展规律方面的认识总结,也是在新的历史条件下驾驭复杂局面、处理突出矛盾和问题的方法论表达。它充分体现了马克思主义的唯物辩证法,体现了当代中国共产党人的哲学思维。五大发展理念,是进入全面建成小康社会决胜阶段指导中国经济社会发展的最新理念,是对马克思主义发展观的又一次理论创新。

三、协调发展理念着眼矛盾、关系全局

协调发展,是五大发展理念中一个既重要又特殊的理念。除了前面提到的五大发展理念中从整体上蕴含着协调性外,协调发展理念在五大发展理念中有着它的独特个性,也就是马克思主义哲学所说的矛盾的特殊性。

(一)协调发展理念针对的是事物发展的矛盾性

协调的对象,是相互存在矛盾的事物;协调的着眼点,是事物发展中的矛盾关系。协调发展理念是事物的矛盾性在中国共产党人发展观上的一个重要反映。

---

① 习近平:《在省部级主要领导干部学习贯彻党的十八届五中全会精神专题研讨班上的讲话(2016年1月18日)》,《人民日报》2016年5月10日。

马克思主义哲学所揭示的矛盾无处不在、无时不有、复杂多变以及矛盾推动事物发展变化等真理,充分地体现在中国特色社会主义建设事业中,尤其体现在建设进程的攻坚阶段。在全面建成小康社会和实现中华民族伟大复兴的道路上,我们所面临的难题和矛盾更为复杂多变。中国特色社会主义事业每推进一步都伴随着复杂矛盾不断产生、发展和解决的过程,都考验着我们对矛盾的认识、把握和处理的水平,考验着我们统筹协调矛盾关系的能力。

习近平曾指出:"在处理复杂经济利益关系和各种社会矛盾中,领导方法和工作方法十分重要。方法对头,事半功倍,方法失当,事倍功半。"①他推荐领导干部和党组织重温毛泽东的《党委会的工作方法》一文。毛泽东在文中谈道:"我们现在管的方面很多,各地、各军、各部门的工作,都要照顾到,不能只注意一部分问题而把别的丢掉。凡是有问题的地方都要点一下,这个方法我们一定要学会";"对主要工作不但一定要'抓',而且一定要'抓紧'"。② 协调发展理念强调的就是要在看到矛盾普遍性的前提下,善于抓住矛盾的特殊性,抓住主要矛盾和矛盾的主要方面,运用马克思主义哲学中联系的观点、系统的观点分析矛盾和解决问题,运用统筹协调的方法,抓住中心总揽全局,协调各方兼顾其他。

习近平在谈到要掌握辩证唯物主义的基本原理和方法论时,特别强调要抓住矛盾普遍存在、矛盾是事物发展的根本动力的客观事实,强调承认矛盾的普遍性、客观性,"就是要善于把认识和化解矛盾作为

---

① 《〈干在实处 走在前列——推进浙江新发展的思考与实践〉摘发》,中国共产党新闻网,http://theory. people. com. cn/n/2013/1031/c40531 – 23388958. html,2016 年 5 月 20 日。

② 《毛泽东选集》第 4 卷,人民出版社 1991 年版,第 1442 页。

打开工作局面的突破口"。① 这就告诉我们,要实现中国特色社会主义建设的奋斗目标,就必须深刻把握辩证的发展观,从矛盾的客观存在和规律性角度来寻找突破口,谋划发展,使事业的发展和社会的进步走向协调、走向健康。

(二)协调发展理念着眼的是事物发展的整体性

协调的出发点,关键在于事物整体间的相互联系。协调的范围是整体,协调的方式是发挥整体效能,协调的目的是增强发展的整体性。我们党提出协调发展理念,正是从事物发展的整体性出发的。"协调发展增强发展整体性,是全面建成小康社会的决胜之举。办成一件事,需要协调;推进一项事业,需要协调;成就一番伟业,更需要协调。"②只有从全局和整体观察问题与思考问题,才能妥善协调关系和处理问题,也才能推进事业的成功。《建议》和《纲要》都明确指出:"协调是持续健康发展的内在要求。必须牢牢把握中国特色社会主义事业总体布局,正确处理发展中的重大关系,重点促进城乡区域协调发展,促进经济社会协调发展,促进新型工业化、信息化、城镇化、农业现代化同步发展,在增强国家硬实力的同时注重提升国家软实力,不断增强发展整体性。"这里清晰地表明,协调发展问题关系到经济社会发展的全局,是事物发展的整体性在发展观上的反映。

从另一个角度讲,协调发展理念主要关注的是人、自然、社会之间的辩证关系。马克思主义认为,这三者之间是互为发展条件并共处于一个统一体中的,它们相互联系、相互制约、相互依存,组成一个不可分离的有机整体,这个有机整体内部只有相互促进、相互协调,才能良性运行、健康发展。这种协调发展的整体性反映在人与社会之间,就

---

① 《习近平在中共中央政治局第二十次集体学习时强调 坚持运用辩证唯物主义世界观方法论 提高解决我国改革发展基本问题本领》,《人民日报》2015 年 1 月 25 日。

② 《坚持协调发展——"五大发展理念"解读之二》,《人民日报》2015 年 12 月 21 日。

是社会各领域、各行业、各门类之间的相互依存、相互适应、相互促进、良性互动;反映在人与自然之间,就是人与自然融为一体、和谐共生、可持续发展。因此,协调不协调的问题,反映的是整体内部的关系是否健康的问题,协调发展理念表达的正是发展观上的全面性和整体性。

(三)协调发展理念解决的是事物发展的平衡性

协调发展的目标是补齐经济社会发展中的短板,也就是要使事物及其矛盾达到一种相对平衡的状态。习近平在谈到"十三五"规划所要解决的突出问题时强调:"作为全面建成小康社会的收官规划,必须紧紧扭住全面建成小康社会存在的短板,在补齐短板上多用力。"他提到的突出短板有"农村贫困人口脱贫""社会事业发展""生态环境保护""民生保障"等方面。习近平提出:"谋划'十三五'时期经济社会发展,必须全力做好补齐短板这篇大文章,着力提高发展的协调性和平衡性。"①可见,协调与平衡是在解决不平衡的矛盾关系时共生共进的一对孪生兄弟,"协调是发展平衡和不平衡的统一,由平衡到不平衡再到新的平衡是事物发展的基本规律"。② 如果经济发展中存在着突出的不平衡的短板,肯定是不协调的。提出协调发展理念,就是为了解决中国经济社会发展中城乡发展不协调、区域发展不协同、产业结构不合理、经济和社会发展"一条腿长、一条腿短"等突出的短板,解决这些方面平衡发展的问题。《建议》也是从平衡性角度阐述协调发展理念的,第四部分标题即为"坚持协调发展,着力形成平衡发展结构",其中指出:"增强发展协调性,必须坚持区域协同、城乡一体、物质文明精神文明并重、经济建设国防建设融合,在协调发展中拓宽发展空间,

① 习近平:《关于〈中共中央关于制定国民经济和社会发展第十三个五年规划的建议〉的说明》,《人民日报》2015 年 11 月 4 日。
② 习近平:《在省部级主要领导干部学习贯彻党的十八届五中全会精神专题研讨班上的讲话(2016 年 1 月 18 日)》,《人民日报》2016 年 5 月 10 日。

在加强薄弱领域中增强发展后劲"。①

从另一个角度讲,辩证法体现在实际工作中尤其在领导工作中,处理的就是平衡性问题。习近平谈到领导干部在实际工作中要提高领导艺术、创新工作方法时,特别从马克思主义辩证法角度讲过协调发展理念的平衡性内涵,他指出:"要讲辩证法,坚持两点论。当前我国正处于发展转型、体制转轨、社会变革的关键时期,我们在解决一些矛盾和问题时往往会面临两难的选择。因此,我们想问题、作决策、办事情,不能非此即彼,要用辩证法,要讲两点论,要找平衡点。"②习近平多次谈到毛泽东提出的学会"弹钢琴"的工作方法,其中所蕴含的就是在新的历史条件下,更要坚持统筹兼顾、综合平衡的治国理政理念,从事物发展的平衡性着眼解决复杂矛盾。

由上可知,协调发展理念中蕴涵的矛盾性、整体性、平衡性问题,充分反映了客观事物发展状态与主观认识之间的相互呼应关系。协调是与和谐、同步、平衡、健康以及一体化、可持续等问题紧密联系在一起的。城乡一体化发展、区域平衡发展、物质生活与精神生活同步发展、人与自然和谐发展、经济与社会健康发展等,都体现出协调发展的丰富内涵,都需要解决矛盾性、整体性、平衡性问题。

党的十八大以来,面对更加复杂的不平衡、不协调的矛盾和问题,面对具有许多新的历史特点的伟大斗争,以习近平同志为核心的党中央进一步思考了有关协调发展的问题,习近平特别强调:"新形势下,协调发展具有一些新特点"。这些新特点,突出地表现在以下一些方面:协调发展既是发展手段又是发展目标,同时还是评价发展的标准和尺度;协调是发展两点论和重点论的统一,既要看到发展优势,又要

---

① 《中共中央关于制定国民经济和社会发展第十三个五年规划的建议》,《人民日报》2015 年 11 月 4 日。

② 习近平:《干在实处 走在前列——推进浙江新发展的思考与实践》,中央党校出版社 2014 年版,第 550 页。

看到制约因素和短板，要破中有立；协调是短板和潜力的统一，协调发展就是要在找出并补齐短板的基础上挖掘潜力、增强发展后劲；协调是发展平衡和不平衡的统一，协调发展也不是要搞平均主义，而是更加注重机会公平和资源配置均衡；等等。①

对协调发展问题，习近平始终高度关注并有独到的见解。从党的十八大以来习近平反复强调协调问题重要性的论述中我们可以看出，他既在重大的战略思路、战略举措以及思想方法问题上讲协调，又在具体的行动指导和工作方法问题上讲协调。比如，在战略思路和战略举措上，他强调："党的十八大以来，我们提出要协调推进全面建成小康社会、全面深化改革、全面依法治国、全面从严治党，这'四个全面'是当前党和国家事业发展中必须解决好的主要矛盾。"②"当前，中国正在协调推进全面建成小康社会、全面深化改革、全面依法治国、全面从严治党，规划了在新形势下治国理政的战略目标和战略举措。"③他还特别强调要使"四个全面"战略布局"相辅相成、相互促进、相得益彰"。④ 又比如，在行动指导和工作方法上，他提出："增强改革措施的协调性"，"我们要坚定不移推进改革开放，不断在制度建设和创新方面迈出新步伐，不断促进生产关系和生产力、上层建筑和经济基础相适应，促进经济社会各个领域、各个方面、各个环节相协调。"⑤他不断强调要着力推动统筹区域协调发展、城乡协调发展、物质文明和精神

---

① 习近平：《在省部级主要领导干部学习贯彻党的十八届五中全会精神专题研讨班上的讲话（2016年1月18日）》，《人民日报》2016年5月10日。

② 《习近平关于协调推进"四个全面"战略布局论述摘编》，中央文献出版社2015年版，第15页。

③ 《习近平关于协调推进"四个全面"战略布局论述摘编》，中央文献出版社2015年版，第19页。

④ 《习近平关于协调推进"四个全面"战略布局论述摘编》，中央文献出版社2015年版，第17页。

⑤ 习近平：《全面贯彻落实党的十八大精神要突出抓好六个方面工作》，《求是》2013年第1期。

文明协调发展、经济建设和国防建设融合发展等。党的十八大以来，中央在具体工作层面也提出了一系列推进协调发展的战略部署，如深入推进新型城镇化和农业现代化，实施"一带一路"建设、京津冀协同发展战略、长江经济带发展战略，持续推进东、中、西、东北地区"四个板块"的协调发展，等等。①

　　总之，理解协调发展理念是深入了解五大发展理念的一个突破口。"协调是成事成功的一大规律、一把'金钥匙'，是全面建成小康社会决战决胜的一大核心理念"，"协调发展理念是对马克思主义关于协调发展理论的创造性运用，是我们党对经济社会发展规律认识的深化和升华"。② 习近平在谈到能否完成"十三五"规划任务时也特别指出："下好'十三五'时期发展的全国一盘棋，协调发展是制胜要诀。"③在充分理解和准确把握五大发展理念集合体内涵的前提下，进一步认识和把握协调发展理念的特殊意义与作用，对全面、协调、可持续地推进中国特色社会主义事业的发展具有极为重要的意义。中国特色社会主义建设的实践告诉我们，没有协调发展，就谈不上全面建成小康社会；没有协调发展，也就谈不上中华民族的伟大复兴。

（原载于《当代中国史研究》2016 年第 6 期）

---

① 国务院研究室编写组：《十二届全国人大四次会议〈政府工作报告〉辅导读本》，人民出版社、中国言实出版社 2016 年版，第 154 页。

② 《坚持协调发展——"五大发展理念"解读之二》，《人民日报》2015 年 12 月 21 日。

③ 习近平：《在省部级主要领导干部学习贯彻党的十八届五中全会精神专题研讨班上的讲话（2016 年 1 月 18 日）》，《人民日报》2016 年 5 月 10 日。

协调发展与增强发展的整体性[*]

　　十八届五中全会报告指出,"协调是持续健康发展的内在要求"。2016 年 1 月 18 日,习近平总书记在省部级主要领导干部学习贯彻十八届五中全会精神专题班上强调,下好"十三五"时期发展的全国一盘棋,协调发展是制胜要诀①。我国发展不协调、不平衡是一个长期存在的问题,突出表现在区域之间、城乡之间、经济与社会发展之间、物质文明与精神文明之间、经济建设与国防建设之间等方面的不平衡。中央提出和强调协调发展理念,旨在我国"十三五"规划发展时期要补齐发展的短板,"牢牢把握中国特色社会主义事业总体布局,正确处理发展中的重大关系,重点促进城乡区域协调发展,促进经济社会协调发展,促进新型工业化、信息化、城镇化、农业现代化同步发展,在增强国家硬实力的同时注重提升国家软实力,不断增强发展整体性②。"

---

　　* 本文作者:向春玲,中共中央党校科学社会主义教研部教授。
　　① 《聚焦发力贯彻五中全会精神确保如期全面建成小康社会》,《人民日报》2016 年 1 月 18 日。
　　② 《中共中央关于制定国民经济和社会发展第十三个五年规划的建议》,《人民日报》2015 年 11 月 4 日。

一、推进社会协调发展的重大意义

（一）社会协调发展的基本含义与特征

随着人类文明由自给自足的小农经济发展到社会化大生产，当今社会已经发展为由相互作用和相互依赖的若干小系统组成的有机整体。社会系统中的每一部分都为维持社会整体的平衡发挥着一定功能。社会的协调发展有赖于各个构成要素功能的正常发挥。如果社会各子系统之间相互协作、相互配合、相互促进从而形成一种协调发展状态，就会实现"整体大于各部分之和"的系统整体效应，从而实现社会的良性运行。当构成社会的各子系统及其各要素在社会整体中失去平衡而不能发挥一定功能时，即发生社会失调现象，就难以达成系统目标的整体实现。因此，社会协调发展是指社会各系统之间相互适应、相互配合、相互促进的社会整体运行状态，是社会良性运行和持续健康发展的内在要求。

社会协调发展有三个基本特点：第一，社会的协调发展以实现人的全面发展为目的。人的全面发展不仅包括人的物质需求的满足，包括精神需求的满足，同时还包括支持人的物质精神领域发展所必需的外部环境。如果单纯地追求经济的增长而忽视社会、生态等其他方面的发展，就不符合人的全面发展的目标。第二，社会的协调发展是一个动态的历史发展过程。同任何事物一样，社会协调发展也是一个从量变到质变、从简单到复杂的发展过程，具有明显的阶段性。在不同的发展阶段，社会协调发展的具体目标和重点是不同的。第三，社会协调发展也是一个开放式的发展系统。一个协调发展的社会只有开放，才能及时地从外界获得发展所必需的信息、物质、能量、科学、资金、人才等，才能及时地认识自身在整个社会环境中的地位，才能利用他人之长补己之短，推动着经济的增长、社会的进步以及科技的发展。

（二）我国社会协调发展的重大意义

1. 协调发展是深入落实科学发展观的重要内容。科学发展观是我党在深刻总结我国长期经济社会发展建设的历史经验教训、吸收人类文明进步成果的基础上提出来的。科学发展观内涵丰富，主要包括：科学发展观的第一要义是发展，科学发展观的核心是以人为本，科学发展观的基本要求是全面协调可持续，科学发展观的根本方法是统筹兼顾。针对我国发展中的不平衡问题，科学发展观提出要实现五个统筹：统筹城乡发展、统筹区域发展、统筹经济社会发展、统筹人与自然和谐发展、统筹国内发展和对外开放，目的要实现全面协调可持续的发展。

2. 协调发展是全面建成小康社会的内在要求。全面建成小康社会，要求发展必须更加注重协调性和平衡性，更加注重可持续和健康发展。未来五年是我国全面建成小康的关键时期，既要保持经济稳定增长，更要注重解决发展中长期存在的不协调、不平衡的问题，尤其是要注重解决发展过程中存在的各类短板问题、瓶颈问题，例如农村贫困人口问题、收入差距过大问题、区域和城乡发展不平衡问题、经济增长与社会发展不协调等问题，如果这些问题到 2020 年还不能得到有效解决，就无法体现发展的协调性和可持续要求，无疑会影响人民群众对全面建成小康社会的满意度，也会影响国际社会对我国全面建成小康社会的认可度①。

3. 协调发展是突破"中等收入陷阱"的有效途径。"中等收入陷阱"是指当一个国家的人均收入达到中等水平后，由于不能顺利实现经济发展方式的转变，不能很好地处理发展中带来的不平衡问题，导致经济增长动力不足，长期在中等收入阶段徘徊，迟迟不能进入高收入国家行列。究其原因，是这些国家没有实现经济结构的优化和调

---

① 权衡：《坚持协调发展实现全面小康》，《文汇报》2015 年 11 月 11 日。

整,没有实现经济与社会、物质文明与精神文明、城乡之间、区域之间等协调发展。改革开放以来,中国经济保持了持续高速增长,居民的生活得到极大的改善,综合国力快速提升,中国经济总量稳居世界第二位,中国 13 亿多人口的人均国内生产总值增至 7800 美元左右,进入到一个中等收入发展水平的国家。在取得如此成就的同时,中国也不同程度地存在着"中等收入陷阱"的一些特点,面临着陷入"中等收入陷阱"的风险。我国要尽快地跨越"中等收入陷阱",这需要实现区域之间、城乡之间、物质文明与精神文明之间等方面的协调发展。正如习近平总书记指出,对中国而言,中等收入陷阱过是肯定要过去的,关键是什么时候迈过去、迈过去以后如何更好向前发展。我们有信心在改革发展稳定之间,以及稳增长、调结构、惠民生、促改革之间找到平衡点,使中国经济行稳致远①。

二、我国协调发展存在的突出问题

(一)地区差距问题。我国的区域发展差距是一个历史问题,也是一个现实问题,更是一个发展中的问题。中国是一个人口众多、地大物博的农业大国,地区发展差距在历史上就已经存在。改革开放以来,沿海地区以其良好的地理位置、经济基础、人口技术文化水平等方面的优势,取得了改革开放的优先权,之后我国的改革开放从沿海到沿边再到内地的顺序逐步展开。从区域发展来看,我国的改革开放采取的是非均衡发展战略,这种区域非均衡发展战略在改革开放初期有其存在的合理性,实现了我国经济的快速发展。但是,在客观上造成了我国东中西部三大经济带发展水平的巨大差异。地区差异的持续存在和扩大,不仅会影响我国经济的持续增长,还有可能带来各种社会问题。为了协调我国区域之间的发展,20 世纪 90 年代中期,中央对

---

① 《习近平:中国肯定要迈过"中等收入陷阱"》,《新京报》2014 年 11 月 11 日。

区域经济发展战略做出了大的调整,提出了"西部大开发"战略。2000年"西部大开发"战略的全面实施,标志着我国区域发展战略从非均衡发展向区域经济协调发展的战略转变。此后,中央政府又分别提出了"振兴东北老工业基地""中部崛起""长江经济带"等一系列促进区域经济协调发展的战略措施。这些战略的实施,其目的是促进中西部地区的快速增长,逐步缩小东西部差距。从目前相关的统计资料来看,上述一系列发展战略的实施,使区域发展差距加速扩大的势头有所减缓,东中西部相对发展差距有所缩小,例如近两年许多西部省区的经济增长速度远远快于东部地区。但中西部地区和东部地区经济发展水平仍有差距,例如人均发展水平的差距仍然过大,而且呈继续扩大的态势。同时,地区差距不仅体现为经济水平、收入水平的差距,而且还体现为城镇化发展差距、社会生活、文化发展、公共服务以及对外开放差距等方面。特别是我国 592 个国家扶贫重点县主要分布在中西部地区,中西部贫困人口、贫困地区扶贫攻坚的难度越来越大。随着全面建成小康社会进入攻坚阶段,进一步缩小地区差距、实现地区之间协调发展成为十三五规划时期的重要任务。

(二)城乡发展差距问题。中国的城乡发展不平衡已经成为制约我国经济均衡发展的重要因素。我国的城乡差距主要体现在以下三个方面。第一,城乡居民收入差距。改革开放以来,我国城乡居民收入差距经历了一个先缩小后扩大、再缩小再扩大、又缩小的过程。近年来,在国家采取多种惠农措施的情况下,城乡收入比例有所下降,2013 年 3.03∶1,2014 年 2.92∶1,首次回落到 3 以下,但是仍然保留在一个较高的水平。如果把城市居民收入中一些非货币因素,如住房、教育、医疗、社会保障等各种社会福利考虑在内,城乡居民的收入差距可能更高。第二,城乡居民消费差距。中国 45% 的农村居民是一个不可忽视的消费群体,其消费需求的增长和结构变化是拉动中国经济增长的重要动力,但是,由于城乡居民收入水平差异,城乡消费观念与消费环境的差别,导致城乡居民人均消费支出、恩格尔系数和消费率都有着较大的差距;农业生产资料价格高,农村居民消费比重偏低,农村市场启而不发。第三,政府公共投入差距。由于我国城乡之间以及城乡内部在制度、市场和公共服务方面存在分割问题,在城市内被认定为的公共产品,可能在农村就不再具有公共产品的性质,"公共产品"具有了排他性,从而导致城乡教育资源、教育基础条件的差距,城乡医疗资源、医疗基础设施建设、医疗保障的差距。此外,还有就业、公共服务、养老、社会治理等方面的差距。

(三)经济与社会不协调的问题。表现为经济发展这条腿比较长,社会发展这条腿比较短。主要表现在:第一,社会事业发展相对滞后,包括教育、科技、文化、卫生等事业发展滞后于经济发展;社会保障体系的覆盖面需要扩大,保障水平低;就业形势严峻,压力大,看病难、上学难、住房难、就业难、住房难等民生问题凸显。第二,在企业改制、房屋拆迁、土地征用、下岗待业、收入分配、计划生育、社会福利保障、劳资关系等方面的矛盾增多,上访、群体性事件不断出现,还没有建立健全解决矛盾、化解冲突、规避灾难并且促进社会安定、安全、健康、有序运行的社会管理体制和机制。第三,不同阶层之间和各阶层内部如城乡居民之间、城市居民之间、不同行业员工之间的收入差距拉大,如果不能有效解决这些问题,不仅会削弱我国经济社会可持续发展的动力,甚至会引发或加重一系列的社会问题和社会风险。第四,社会阶层日益分化,社会思想也多样化,目前还没有得到及时的整合,容易产生一些新的社会问题。另外,人际关系复杂化、功利化等发展趋势明显,诚信问题也比较突出。

三、全面建成小康社会需要实现协调发展

当前我国发展中存在的不协调和不平衡,既是我们发展要解决的突出问题,也是我们扩大内需的巨大潜力,实现全面小康的巨大动力。

增强发展的协调性和整体性是全面建成小康社会的必然要求,我们必须坚持区域之间、城乡之间、经济社会之间协调发展,物质文明与精神文明并重,在协调发展中拓宽发展空间,在加强薄弱领域中增强发展后劲。

(一)实现区域协调发展。首先,继续深化市场经济改革,发挥市场在资源配置中的决定性作用。市场经济是一种开放的经济,市场经济的发展将导致区域要素流动和区域之间的联合与协作逐步加强,区域间的联合将有力地缩小地区差距。另外,产业在地域上的梯度转移是一种经济规律,随着经济的进一步发展,东部地区的一些产业将向中西部地区转移,使中西部的资源优势逐步转变为经济优势,从而使东中西部经济差距缩小。同时,随着市场经济的深入发展,市场在价格形成中将起到主导作用,使农产品、能源、原材料和加工工业间形成合理的比价体系,有利于缩小地区差距。第二,在区域协调发展中,要更好地发挥政府的作用。政府从战略层面,积极推进珠三角、长三角和京津冀三大经济圈互动发展及其对区域经济社会发展的辐射带动作用,在全国范围内通过塑造新的增长极、增长带,强力撬动中国由局部开放向国内整体开放。并通过"一路一带"建设建构国内开放和国外开放无缝对接的大格局。同时,政府通过更加科学的调控手段和改革创新,来实现主体功能约束有效、基本公共服务均等、资源环境可承载的区域协调发展新格局。在政策上支持革命老区、民族地区、边疆地区、贫困地区加快发展,并加大对资源枯竭、产业衰退、生态严重退化等困难地区的支持力度。第三,中西部地区的干部和群众要充分认识自身资源的优势和劣势,因地制宜,扬长避短,抓住机遇,应对挑战,实现经济社会的快速发展。

(二)实现城乡协调发展。城乡协调发展是完成全面建成小康社会进程中最艰巨、最繁重的任务。与新型工业化、信息化和城镇化相比,农业的现代化发展还是当下非常薄弱的环节。中央强调,坚持工业反哺农业、城市支持农村,健全城乡发展一体化体制机制,推进城乡要素平等交换、合理配置和基本公共服务均等化。当前的主要任务是:第一,加快实施新型城镇化战略。随着我国城镇化进程的加快,推进以人为核心的新型城镇化是城乡协调发展的重要内容,必须深化户籍制度、土地制度和进城农民市民化财政转移分担机制的联动改革,全方位促进在城镇稳定就业和生活的农业转移人口的权利和义务与城镇居民有序并轨,体现城乡一体化发展的机会公平、规则公平和权利公平,建立新型的城乡关系。第二,加快县域经济的发展。通过努力发展特色县域经济和特色小城镇,以农业产业化和市场化推动农村现代化发展。第三,打破城乡界限和区域限制,实现城乡公共资源配置和公共服务一体化。推进城乡基础设施建设一体化,健全农村基础设施投入长效机制;推进城乡教育医疗、劳动就业和社会保障、社会管理与公共服务一体化,把社会事业发展重点放在农村和接纳农业转移人口较多的城镇。第四,提高社会主义新农村建设水平。需要指出的是,城乡一体化并不是城乡一样化,在开展农村人居环境治理过程中,要加大传统村落民居和历史文化名村名镇保护力度,让我们的新农村建设既看得见山,望得见水,也记得住乡愁。

(三)实现经济与社会协调发展。2007 年党的十七大提出以加快推进改善民生为重点的社会建设,经过 8 年的努力,我们国家就业、教育、文化、社保、医疗、住房等民生问题普遍得到改善。但是,在不同地区、不同阶段,民生问题和社会事业的发展有不同的重点。深化收入分配制度改革,提高城乡居民的收入,实现社会公平是当前转变经济发展方式和改善民生的重点;在我国全面建成小康社会的决胜阶段,一些农村以及中西部民族地区的贫困人口脱贫和解决区域性整体贫困是重点;当我国进入人口老龄化社会,健全养老保障体系、发展养老产业、改变人口生育政策是重点。总之,改善民生没有终点站,我们通过补民生建设这块短板,实现经济社会的协调发展,才能为未来中国保持经济中高速发展提供强劲的动力和保障。

(四)实现物质文明与精神文明协调发展。在全面建设小康社会的决胜阶段,第一,我们要用中国特色社会主义理论和习近平总书记系列重要讲话精神武装全党、教育人民,用中国梦和社会主义核心价值观凝聚共识、汇聚力量。第二,针对人民群众对精神文化需求的上升,我们要通过深化文化体制改革,促进文化事业发展和文化产业的繁荣,为人民群众提供健康的精神食粮。第三,在我国社会全面走向现代化的进程中,我们需要实施人的现代化战略,需要培养现代化的公民。当前,通过公民道德、职业道德、家庭道德、个人道德教育全面提高国民的道德水平,增强国家意识、公民意识和社会责任意识。第四,精神文明建设兼具社会效益和经济效益。在实践中,我们要构建中华优秀传统文化传承体系,加强文化遗产保护,振兴传统工艺,通过对我国传统文化资源的挖掘和运营,使我们优秀的传统文化在我国公共文化服务体系、文化产业体系、文化市场体系的建设中释放出新的活力,也使我们的优秀文化走向世界。第五,在信息化和互联网时代,我们必须把握"互联网+"的时代脉搏,牢牢把握正确舆论导向,健全社会舆情引导机制,传播正能量。积极探索如何用好互联网技术和资源,实施网络内容建设工程,加强网上思想文化阵地建设,发展积极向上的网络文化,净化网络环境,这是新形势下加强精神文明建设的一项重要任务。

(原载于《科学社会主义》2016 年第 1 期)

坚持协调发展理念　推进城乡统筹发展[*]

协调是持续健康发展的内在要求。党的十八届五中全会把"协调"作为五大发展理念之一,提出要"重点促进城乡区域协调发展,促进经济社会协调发展,促进新型工业化、信息化、城镇化、农业现代化同步发展,在增强国家硬实力的同时注重提升国家软实力"。这既是对协调发展提出的具体要求,也是我国经济社会发展今后相当一段时期内必须解决的几大主要矛盾。面对当前城市越来越大、乡村越来越空的现实困境,如何坚持协调发展理念,推动城乡发展一体化,增强发展协调性,是各级党委政府需要积极思考的一个重要课题。

一、协调发展是统筹城乡发展必须遵循的核心理念

理念是行动的先导。统筹城乡发展,必须始终遵循协调发展这一核心理念。只有深刻理解坚持协调发展理念的必要性、紧迫性和重要性,才能在实践中不断增强践行这一核心理念的自觉性、主动性和创造性。

坚持协调发展,是实现全面建成小康社会目标的必然要求。到建党 100 周年时全面建成小康社会是我们党做出的庄严承诺。全面小

---

* 本文作者:谭平,中共湖南省委统战部常务副部长、中央党校学习贯彻党的十八届五中全会精神专题研究班学员。

康,重在"全面",体现在覆盖的人群、地域、领域都要全面,是城乡区域共同的小康,是惠及全体人民的小康。"协调发展"理念,强调的正是"全面"二字,反映的就是全面建成小康社会对"发展平衡性、包容性、可持续性"的目标要求。习近平指出:"没有农村的小康,特别是没有贫困地区的小康,就没有全面建成小康社会",强调"发展不能是城市像欧洲、农村像非洲,或者这一部分像欧洲、那一部分像非洲,而是要城乡协调、地区协调"。只有城乡协调发展,增强城乡发展的整体性和平衡性,全面建成小康路上才不会有人掉队,才会如期实现全面建成小康社会宏伟目标。

坚持协调发展,是应对当前城乡发展系列矛盾问题的客观需要。改革开放以来,我国经济社会取得了举世瞩目的发展成就,在经济高速发展的同时,与之伴随的是城乡、区域、经济和社会、物质文明和精神文明等发展不协调问题。这些问题虽属于"成长中的烦恼",但已成为制约发展的"短板"。2015 年 5 月习近平总书记在主持中央政治局第 22 次集体学习时指出,"由于欠账过多、基础薄弱,我国城乡发展不平衡不协调的矛盾依然比较突出,加快推进城乡发展一体化意义更加凸显、要求更加紧迫。"坚持协调发展,就是着眼于解决当前发展中面临的不全面、不协调、不平衡、不同步等系列矛盾和问题,把缺口补齐,将弱项夯实,实现均衡协调、全面发展,形成平衡发展新结构,保证经济社会发展各项事业蹄疾步稳。这是"十三五"乃至更长时期必须坚持和贯彻的核心理念。

坚持协调发展,是历经国内外实践证明能够有效统筹城乡发展的成功之路。纵观日本、韩国、法国、美国、德国、加拿大等发达国家,无不经历了城乡尖锐对立的社会发展阶段、出现了城乡发展不协调所带来的各种问题,也都是在城乡收入差距过大、城乡发展极不均衡、工农比例严重失调的情况下,以不同角度为突破点进行了城乡一体化的"乡村建设"运动。目前许多发达国家已实现了城乡高度一体化。比如挪威,在20世纪60年代城乡发展严重失衡,城乡居民收入差距一度达到3∶1以上,大量农民流向城市,随后实施"地区发展计划""北挪威发展计划""道级发展计划""应急项目"等一系列政策,目前已完成城乡一体化融合,农民享受与市民几乎相同的生活条件、收入水准和社会福利待遇。反观,巴西等一些拉美国家,在20世纪50年代大多进入现代化起飞阶段,城市化取得了令人瞩目的成就,到1980年已接近欧洲城市化水平,然而,由于没有及时采取政策措施,未能正确处理好城乡关系,拉美国家的农村基础设施非常落后,出现了很多的贫民窟。国内的昆山、广州、苏州、上海、北京、成都等发达地区,也都创造了较为成熟的城乡一体化模式。国内外发展的成功实践证明,坚持城乡协调发展,是增强一个国家和地区经济社会发展整体性的有效路子。只有增强城乡发展的整体性、协调性,经济社会发展方能行稳致远。

坚持协调发展,是对城乡发展一体化的坚持、发展和升华。党的十六大首次提出"统筹城乡发展"的发展战略;十六届三中全会提出"五个统筹",并"统筹城乡发展"置于"五个统筹"之首;党的十六届四中全会指出"我国现在总体上已到了以工促农、以城带乡的发展阶段";十六届五中全会进一步提出了坚持统筹城乡经济社会发展的基本方略;十六届六中全会再次明确指出"促进城乡协调发展"。党的十七大进一步强调了统筹城乡发展,要求"建立以工促农、以城带乡长效机制,形成城乡经济社会发展一体化新格局";十七届三中全会提出"到2020年,要基本建立城乡经济社会发展一体化体制机制"。党的十八大以来,党中央就城乡发展一体化提出了一系列新思想、新论断、新要求。党的十八大指出,"城乡发展一体化是解决'三农'问题的根本途径",并要求"加快完善城乡发展一体化体制机制,着力在城乡规划、基础设施、公共服务等方面推进一体化。"党的十八届三中全会《决定》提出"健全城乡发展一体化体制机制"的改革目标,部署了建立城乡统一的建设用地市场、推进城乡要素平等交换和公共资源均衡配置等多项改革任务。党的十八届五中全会首次把"协调发展"写入国民经济和社会发展规划,并明确为"五大发展理念"之一,要求"推动城乡协调发展,健全城乡发展一体化体制机制,健全农村基础设施投入长效机制,推动城镇公共服务向农村延伸,提高社会主义新农村建设水平"。这正是对党中央一以贯之的统筹城乡发展理念的发展和升华,既一脉相承、又与时俱进,必须牢固树立并切实贯彻落实。

二、全面把握城乡协调发展的内涵要义

《中共中央关于制定国民经济和社会发展第十三个五年规划的建议》指出,"增强发展协调性,必须坚持区域协同、城乡一体、物质文明精神文明并重、经济建设国防建设融合,在协调发展中拓宽发展空间,在加强薄弱领域中增强发展后劲",要求"推动城乡协调发展,健全城乡发展一体化体制机制。"据此,深刻领会中央精神,全面理解城乡协调发展的内涵和要求,应当把握以下几个原则和要求。

要突出整体性。美国地理学家詹姆斯曾说:"不能绝对地将人类的活动空间人为地割裂为城市与乡村,而应该作为一个以多样性为基础的关系统一体。"习近平同志强调:"推进城乡发展一体化,是工业化、城镇化、农业现代化发展到一定阶段的必然要求,是国家现代化的重要标志。"推进城乡发展一体化,不是以城市为中心,单纯地推进新型城镇化、把农民变市民,也不是以乡村为中心,单一地建设社会主义新农村、把农村变城市,而是要坚持城乡并重,把工业与农业、城市与乡村、城镇居民与农村居民作为一个有机整体统筹推进,促进城乡在发展理念、规划布局、要素配置、产业发展、公共服务、生态保护等方面相互融合、共同发展,在城市能品味到乡村的生活品质,在乡村能享受到城市的现代文明,同时又可以"望得见山、看得见水、记得住乡愁"。

要体现差异性。城与乡作为两种不同经济社会空间形态,具有不

同的自然属性、人口分布、社会功能。推动城乡协调发展，既要"求同"、突出一体化，也要"存异"、避免等同化、均质化，既不能按城市的建设办法来改造农村、以城市的生活模式去占领农村，也不能用改造农村的思路去推动城乡融合、实现城镇的乡村化，应根据城乡之间在空间形态、功能定位、生态环境、民族风情等方面的客观差别，突出城市与农村各自的特色，坚持差别化发展，防止农业和工业这两个不同的产业形态同质化、农村和城市两个不同的景观趋同化，避免"走了一村又一村，村村像城市；走了一城又一城，城城像农村。"尤其是新农村更应保持地域特色、保留民俗风貌，如法国有 37 万个村庄风貌 200 多年都未改变，但一样走上了现代化。

要彰显互补性。美国城市理论家、社会哲学家刘易斯·芒福德指出："城与乡，不能截然分开；城与乡，同等重要；城与乡，应当有机结合在一起。因为城市和乡村各有其优点和缺点，城市和乡村必须成婚。"城市与乡村拥有诸多方面的互补性和共生性，农村的发展离不开城市的辐射和带动，城市的发展也离不开农村的促进和支持。推进城乡协调发展，应当把城市和农村紧密联系起来，坚持城市与农村错位发展，促进城乡之间各种要素的双向流动，既注意以城带乡、以乡促城、共同发展，又重视乡土味道、体现农村特点、保留乡村风貌，在吸纳更多农村人口进城落户定居的同时，让留在农村的人口安居乐业，并吸引更多城市人口到农村休闲居住，增强农村活力，做到进城和留乡各得其所，形成优势互补、谁也离不开谁的城乡一体化生产生活格局。

要坚持可持续性。协调发展，难在持续。城乡收入从不均到均衡、产业从排斥到融合、基础设施从分割到一体、公共服务从差异到均等，需要一个发展过程，需要逐步有序解决。在统筹城乡发展中，要着眼长远，建立长效常态机制，推动城市基础设施向农村延伸、公共服务向农村覆盖、现代文明向农村传播，促进城乡经济社会在较长时间、较大范围实现平稳健康发展，不能只追求短期效益。在前期，主要是部分一体化,如居民基本权益的不平等和城乡要素配置的不合理等,需要通过全面深化改革加快解决;中期,主要是低层次的一体化,实现基本公共服务均等、基础设施共享;后期,则是实现全面的、高层次的城乡一体化。通过循序渐进,最终实现城乡持续发展。

三、把协调发展的理念贯彻落实到统筹城乡发展的具体实践之中

《中共中央关于制定国民经济和社会发展第十三个五年规划的建议》要求"推动城乡协调发展。坚持工业反哺农业、城市支持农村,健全城乡发展一体化体制机制,推进城乡要素平等交换、合理配置和基本公共服务均等化。"在经济发展新常态下,统筹城乡协调发展,必须始终坚持协调发展的理念,认真贯彻落实党的十八届五中全会明确的各项政策要求,创新思路,健全机制,科学施策,大力推动城乡协调发展。

加强顶层设计,推进城乡发展规划一体化。城乡要协调,规划是前提。习近平同志指出:"城乡一体化要协调好,城乡一体的人员流动、布局、社会发展等问题都要规划好。"国外城乡协调发展的成功案例,无一不是注重城乡一体化的顶层制度设计。比如,世界上第一个建立城乡规划体系的国家———英国,针对工业革命后城市化速度大大加速,乡村人口大量向城市转移,农村日益荒凉的实际,提出了将城市问题与乡村问题合并解决的"田园城市"构想,制定《城乡规划法案》,设立独立的城乡规划管理机构,从制度上推进城乡一体发展。北欧五国,为推进城乡联合发展,自 20 世纪 60 年代就将规模过小的基础行政区(市、镇)合并成为一个城乡混合型的行政区(由一个主要的市、镇、村和若干周围村庄组成),逐步达到取消城乡分治的目的。韩国在 20 世纪六七十年代就已成功转变为工业发达国家,但也面临工农失衡的困境,随后设计实施"新村运动",并采取整体设市模式组建"都农复合形态市",共建共享基础设施和公共服务设施。各级党委政府应当研究借鉴国外的做法,把城市和乡村作为一个整体,通盘考虑、统筹谋划、一体设计,实行城市总体规划、土地利用总体规划、产业布局规划等多规合一,切实解决规划上城乡脱节、重城市轻农村的问题。要按照主体功能区的不同,统筹规划工业与农业、城镇与农村的空间布局,有意识地把城市的居民生活区、工业区、商贸区、物流区、金融区、休闲区、大学区、公务区分开,将一些商务区、工业区布局到城郊和农村。比如在食品安全体系规划上,可考虑从原料基地到终端产品加工都布局在农村,实行农工贸一体,以此推进城乡统筹。

引导村企对接,推进城乡产业发展融合化。城乡要发展,产业是关键。缺乏产业支撑,城乡发展一体化就会成为无源之水、无本之木。从国外实践看,发达国家都重视城乡产业统筹发展,普遍形成了城乡产业分工合理、生产要素和资源优势得到充分发挥的产业发展格局。比如,日本曾一度出现农村人口急剧流向城市、地域差异扩大等现象,后来通过制定《新全国综合开发计划》《农村地区引进工业促进法》等政策举措,鼓励城市工业向农村转移,强化企业对接乡村的能力,有力推动农村工业化,实现了均衡统筹发展。韩国在 20 世纪 90 年代推行"一村一社"计划,立法要求有实力的企业对接村庄、帮扶产业,包括农产品开发、观光农业、村庄整治等。从国内探索看,湖南省自 2007 年起组织开展"万企联村、共同发展"活动,建立财政引导资金,鼓励引导广大非公有制企业等统一战线广大成员,通过产业联村、项目带村等形式,与农村开展产业合作,推进城乡结合、以工促农、以城带乡,取得明显成效。目前,该省共有 6800 多家非公有制企业与 9800 多个行政村对接合作,投入各类资金 450 多亿元,实施产业项目 2100 多个,结对村农民人均纯收入比全省平均水平高出 32%。各级政府应抓住产业这个关键,组织开展"村企对接"活动,引导城市企业的资金、人才、技术等现代经济要素向农村集聚,促进城市的现代物流、电商、农产品加工等产业向农村转移,促进工业与农业融合、企业与农民携手、城市与乡村联动,逐步缩小城乡在产业结构和产业发展水平等方面的差距。应出台具体政策,鼓励引导工商资本到农村发展适合企业化经营的现代种养业,鼓励社会资本投向农村建设,允许企业和社会组织在农村兴办各类事业,促进来自工业和服务业的现代生产要素与农业融合。对从城市转移到农村从事农业生产、参与脱贫攻坚的符合国家产业政策和环保要求的企业以及本身设在城郊或农村的小微企业,应在税费、金融、用地、用电、补贴等方面予以重点倾斜支持,吸引更多的市场主体到农村投资、消费、经营,促使消费和发展机会向农村扩散,既缓解城市压力,又繁荣农村经济。

拓展发展空间,推进城乡基础设施网络化。城乡要一体,基础要夯实。城乡差距,最直观的表现之一就在于基础设施。纵观世界各国,城乡一体化程度高的国家,无一不高度重视基础设施建设,很多国家都把城市基础设施建到了乡村一级。比如,韩国从1970年开始,政府无偿提供水泥、钢筋等物资帮助农民改善居住条件,随后又修建桥梁、改善公路、推动农村电气化、修建村民会馆和自来水设施以及公共设施,帮助改善农村居住环境、提高农民生活质量;70年代后期韩国全部实现了村村通车;90年代,全国实现电气化,农村居民经济收入和生活水平已经接近城市居民的生活水准。挪威,通过资源下放、扶持生产和财政补贴等方式重金支持农村地区,提供城乡统一的基础设施和公共服务,已完成城乡一体化融合。美国自20世纪30年代以来,一直重视农村的道路、水电、排灌、市场等基础设施建设,现在美国的城乡基础设施差别并不大,在大都市周围百公里范围内,很难分清城市和乡村的界限。法国实现了乡村生活方式城市化,乡村拥有跟城市同等的生活条件,一到休假季节,很多城市居民便纷纷"逃离"城市,去乡村享受生活。日本的农村交通四通八达,服务设施完善,生活水平与城市相差无几,很多城市居民到农村购(租)房居住。我国人多地少、农民众多,受资源环境承载能力所限,城镇化再发展也很难像一些发达国家那样,把90%以上的人口集中在城镇。应按照十八届三中、五中全会"统筹城乡基础设施建设和社区建设""健全农村基础设施投入长效机制"等要求,坚持"城乡共建、城乡联网、城乡共享"的原则,统筹推进道路、供水、污水管网、垃圾处理、电力、电信、环保、信息化等基础设施向农村延伸、向农村覆盖,做到城乡基础设施"无缝对接"、互联互通、共建共享,让农民过上现代文明的生活。应合理划定城市发展边界,避免城市无限扩张、取代乡村,通过城乡基础设施一体化建设,在空间形态上使城镇更像城镇、农村更像农村,让广大农民共享改革发展成果,既要吸引一些城市中产家庭向小城镇和乡村迁移,逐步形成职住分离、异地养老的态势,也要着力改变一些乡村出现的空心化、住宅闲置化和乡村衰落现象。特别是要坚持交通先行,加大资金投入,加快铁路和高速铁路、公路和高速公路建设步伐,增加通车里程,在城市之间建立畅通的铁路公路交通网络,在城市和乡村之间建立便捷的城乡公交系统,为更多的农村和城镇人口双向转移打开方便之门。

加快制度改革,推进城乡公共服务均等化。城乡要一体,制度是保障。如果不能实现城市居民和农村居民权利的同等化,就谈不上真正的城乡一体化。在加拿大、日本、法国等国,城乡居民享受同等的政治经济待遇,在房籍、政治权利、社会保障和人员流动等政策上一视同仁。改革开放以来,随着我国逐步放开城乡劳动力流动限制,农村剩余劳动力源源不断地涌入城市,在城市停留6个月以上的农业户籍人口已占到城镇常住人口的33%,但由于城乡二元体制未能同步深化变革,大量长期参与城市建设和服务的农民工未能享受与市民同等的公共产品和服务,他们住在城市却不能成为城市居民,服务城市却不能享受城市生活,特别是新生代农民工向往城市却不被城市所接纳、根在农村却对农村日益疏离。多年来,农村大量优秀人才为了寻求更好的教育、社保、医疗等公共服务资源,不得不从农村流向城镇、从农业流向非农业,导致农村"空心化"不断加剧。习近平同志在 2015 年 4 月 30 日中央政治局集体学习时强调:"我们一定要抓紧工作、加大投入,努力在统筹城乡关系上取得重大突破,特别是要在破解城乡二元结构、推进城乡要素平等交换和公共资源均衡配置上取得重大突破。"当下,应按照十八届五中全会精神,加快户籍、土地、社保、就业、教育等一系列制度联动变革,切实加强城乡公共服务机构设施和能力建设,让城乡居民人人享有均等化的基本公共服务,既让农民"进得了城",又让农村"留得住人"。户籍方面,应尽快取消农业、非农业户口的界限,建立城乡统一的户口登记管理制度,平等对待新进城落户居民与原城镇居民的权利和义务,从体制层面为解决城乡发展不均衡打开突破口,为建立全覆盖的社会保障体系清除障碍。土地方面,在认真落实"建立城乡统一的建设用地市场"等政策规定的基础上,可以借鉴国外做法,适时允许城市居民到农村流转土地建房生活,但须加强风险防控,防止城市资本到农村大量圈占农房和宅基地。比如,德国对农民卖地退休者给予额外退休金补贴,既完善了农民养老机制,又促进了农业用地集中和规模经营;法国已经基本实现城市化,农村人口仅占总就业人数的 10% ,为避免农村"空壳化",现正通过提供无息贷款、补贴及培训等多种方式,鼓励年轻人留在农村,鼓励城市人口到农村休闲旅游、享受生活;日本建立较为完善的农业耕地和农村住宅流转体制,鼓励城市人口到农村居住或投资,鼓励老年城市居民退休后到大城市远郊或地方小城镇购房生活,允许租用或购买小块土地耕作,既减轻了城市的人口压力,也给农村带来大量投资并拉动个人消费。我国农村土地属于集体所有,个人不能买卖,但可通过依法自愿有偿转让农民土地承包权、宅基地使用权、集体收益分配权等形式,建立和完善老年农民特别是随子女进城者的土地退出机制。社保方面,要尽快并轨,全面实施城乡统一的养老保险、医疗保险、失业保险、社会救助制度,建立健全城乡社会保障体系。只有城乡统一,城乡居民才愿意双向流动,才能解除农民进城或城市居民"下乡"的后顾之忧。

　　建设农村社区,推进城乡社会治理协同化。城乡要协调,治理须协同。随着城乡发展一体化进程的加快,大量的农村人口、生产要素向城市流动,城市生产的各类商品也大量地向农村流动,带来了农村社区开放度的不断扩大和现代性的不断增强,农村社区进入了快速变迁与向现代社区转型之中,也由此成为统筹城乡发展体系中的"终端"区域,这对城乡社会协同治理提出了新挑战。近年来,各地按照中央办公厅、国务院办公厅印发的《关于深入推进农村社区建设试点工作的指导意见》要求,建成了一批功能完善、环境良好的农村新型社区。实践证明,建设农村社区,改善了农民居住条件和生活环境,推进了城乡公共服务均等化,促进了城乡一体化建设,对于创新社会管理、巩固基层政权、推进城乡协调发展具有重大意义。各级政府应持续深入推进农村社区建设,把更多的城市郊区和城乡接合部的村庄规划建设为设施比较完善的农村社区,着力打造近距离的"社区服务圈",让广大农村居民也能享受到优质高效的社区服务,促进社会和谐稳定。

（原载于《湖南省社会主义学院学报》2016 年第 1 期）

以人为本推动全面协调可持续发展 *

——学习习近平总书记关于科学发展重要论述

2012 年党的十八大以来,习近平总书记多次强调要坚持以人为本,推动经济政治文化社会生态全面协调可持续发展,为未来中国发展指明了方向。

一、发展是解决所有问题的关键

2012 年 11 月 29 日,习近平总书记在参观国家博物馆《复兴之路》展览时指出,全党同志必须牢记,落后就要挨打,发展才能自强。发展仍然是解决我国所有问题的关键。这是习近平总书记在对我国基本国情科学判断基础上提出的重要论断。

(一)社会主义初级阶段是当代中国的最大国情

我们既要看到改革开放以来我国经济社会发展取得举世瞩目成就,经济总量排名位居世界第二位,更要看到人均国内生产总值仍然位居世界第 90 位左右;既要看到基本实现现代化的东部发达地区,更要看到欠发达的中西部地区;既要看到繁华的城市,更要看到落后的农村;既要看到我国有不少中高收入群体甚至千万、亿万富翁,更要看

* 本文作者:赵振华,男,中共中央党校经济学部教授、博士生导师,享受国务院特殊津贴专家,研究方向为社会主义经济理论。

到目前我国还有上亿的贫困人口,到 2012 年底还有将近 1 亿农村人口年人均纯收入不足 2300 元,处于绝对贫困线以下,还有 2000 多万城市人口依靠各种救济生活;既要看到部分领域科技水平处于世界前列,更要看到不少关键技术仍然与发达国家有巨大差距;既要看到改革开放后我国的国际地位有了巨大提升,更要看到我国仍然是世界上最大的发展中国家的地位没有变。为此,习近平总书记强调指出,社会主义初级阶段是当代中国最大国情、最大实际。我们在任何情况下都要牢牢把握这个最大国情,推进任何方面的改革发展都要牢牢立足这个最大实际。不仅在经济总量低时要立足初级阶段,而且在经济总量提高后仍然要牢记初级阶段。只有牢记社会主义初级阶段这个最大国情和最大实际,才能清醒认识我国今天所处的历史方位和在国际社会中所处的地位,立足国情制定改革、开放、发展的方针政策,促进经济社会全面协调可持续发展。

(二)只有用发展办法才能化解前进中的矛盾

我国社会主义初级阶段的社会主要矛盾依然是人民日益增长的物质文化需要同落后的社会生产之间的矛盾。人们的需要总是处于不断的变化和提高中,基本需求满足之后,必然产生发展需求和享受需求。改革开放之后,伴随着居民收入快速增加,需求层次呈现多元化并加速升级趋势。当前我国社会矛盾的主要方面就是落后的生产力水平不能适应快速变动和提升的物质文化需求。解决矛盾的根本办法就是继续坚持以经济建设为中心不动摇,牢牢抓住发展生产力不放松,深化以经济体制改革为重点的各项改革。我国经济社会发展中的突出矛盾,如消费需求不足、城乡二元结构严重、广大人民群众反响比较强烈的环境、教育、医疗、住房、社会保障等,归根结底是因为生产力水平低、发展不足导致的。前进中的问题需要用发展的办法来解决。从发展与稳定、改革的关系看,发展是稳定的前提,不发展就是最大不稳定。我国改革开放总设计师邓小平曾经指出:"看起来我们的发展,总是要在某一阶段抓住时机,加速搞几年,发现问题及时加以治理,尔后继续前进。从根本上说,手头东西多了,我们在处理各种问题和矛盾时就立于主动地位。对于我们这样发展中大国来说,经济要发展得快一点,不可能总是那么平平静静、稳稳当当。要注意经济稳定、协调地发展,但稳定和协调也是相对的,不是绝对的。发展才是硬道理。"①习近平总书记也深刻地指出,我们要坚持发展是硬道理的战略思想,坚持以经济建设为中心,全面推进社会主义经济建设、政治建设、文化建设、社会建设、生态文明建设,深化改革开放,推动科学发展,不断夯实实现中国梦的物质文化基础。一些国家和地区之所以出现动荡,就是在于不发展,人民群众长期处于艰难困苦之中,看不到国家的希望。同时只有发展了,生产力对生产关系、经济基础对上层建筑才能提出进一步深化改革要求。需要进一步指出的是改革是要付出成本的,只有发展了,才能为深化改革提供物质支撑。

(三)实现"两个百年奋斗目标"需要把发展作为第一要务

到建党 100 年时全面建成小康社会,到新中国成立 100 年时基本实现现代化,把我国建设成为富强民主文明和谐的社会主义现代化国家,必须把发展作为第一要务。今后我国面临的发展压力越来越大,从经济增长的量上看,一是随着经济总量的日益增大,经济增长速度自然要降低,这是不可改变的客观趋势,特别是经济增长点越来越不明显,过去 30 多年时间,家用电器、小汽车、住房等都支撑了我国经济的快速增长,未来这些产业虽然还会增长,但进入了低速增长阶段。二是随着生产要素价格的快速提高,生产要素的低成本"红利"将逐步消失。三是生态环境对经济增长的约束也将越来越大。四是伴随我国综合实力的增强和国际地位提高,一些国家对中国的牵制将越来越多。从经济增长的质上看,我国产业结构、区域结构、城乡结构等不合

---

① 邓小平:《邓小平文选》第 3 卷,人民出版社 1993 年版,第 377 页。

理的矛盾依然十分突出;技术进步对经济增长的贡献依然不高,与发达国家有较大差距;市场在资源配置过程还没有发挥决定性作用,资源配置效率不高、重复建设严重、浪费大等问题十分突出。因此,要实现两个百年的奋斗目标,任务十分严峻,既需要保持适度的经济增长率,更要提高经济增长的质量,实现经济政治社会生态全面协调可持续发展。正如习近平总书记所指出的,要增强经济增长的内生活力和动力,增长必须是实实在在和没有水分的增长,是有效益、有质量、可持续的增长。

二、在新的起点推动全面协调可持续发展

改革开放使我国国民经济和社会发展发生了翻天覆地的变化,生产力水平、人民生活状况、综合国力、对外开放程度和国际地位都得到极大提高,今天站在改革开放新的历史起点,必须转变发展理念和发展方式,推动全面协调可持续发展。

（一）进一步深化对发展的认识

一是经济增长不等于经济发展。经济增长指的是一个国家或地区总产出即 GDP 或人均 GDP 的增加,侧重于量的指标;经济发展则是在经济增长量增加的同时,经济结构的变革和优化,是质的飞跃。经济增长是经济发展的基础和前提,没有持续经济增长就没有经济发展,但是有经济增长未必就有经济发展。二是经济发展不等于经济与政治、文化、社会、生态等协调发展。经济、政治、文化、社会、生态构成一个国家或地区总系统中的子系统,每一个子系统既相互独立,又与其他子系统相互联系,每一个子系统的良性运行都为其他子系统提供了良好条件,反过来,任何一个子系统出现故障也都会影响到其他各系统的运行。在一个社会的各个子系统中,经济是基础,经济发展为其他各项发展提供物质基础和前提,但是并不意味着经济发展了,其他各项也必然共同发展,不能以经济发展代替其他各项发展。改革开

放以来,在经济快速增长的同时,也出现了环境恶化、社会矛盾加剧、文化发展滞后等问题,原因是经济与社会、文化、环境等不协调。只有经济、政治、文化、社会、生态等共同发展,相互促进;人与自然、人与人、人与社会和谐共生,良性循环才是全面协调可持续发展。

(二)要进一步深化以经济体制改革为重点的各项改革

习近平总书记深刻指出:"发展中不平衡、不协调、不可持续等问题依然突出,科技创新能力不强,产业结构不合理,发展方式依然粗放,城乡区域发展差距和居民收入分配差距依然较大,社会矛盾明显增多,教育、就业、社会保障、医疗、住房、生态环境、食品药品安全、安全生产、社会治安、执法司法等关系群众切身利益的问题较多,部分群众生活困难,形式主义、官僚主义、享乐主义的奢靡之风问题突出,一些领域消极腐败现象易发多发,反腐斗争形势依然严峻,等等。解决这些问题,关键在于深化改革"①。他还进一步强调,面对未来,要破解发展面临的各种难题,化解来自各方面的风险和挑战,更好发挥中国特色社会主义制度优势,推动经济社会持续健康发展,除了深化改革,别无他途。改革就是要改革与生产力发展不相适应的生产关系,与经济基础不相适应的上层建筑,消除全面协调可持续健康发展的体制机制障碍。改革是促进全面协调可持续发展的根本途径。当前我国经济发展中的不平衡、不协调、不可持续的问题,既与发展水平低有关,更与各项改革滞后有关。只有全面深化改革,才能促进全面协调可持续发展。要紧紧围绕市场在资源配置中起决定性作用深化经济体制改革,推动经济更有效率、更加公平和可持续发展;要紧紧围绕坚持党的领导、人民当家作主和依法治国有机统一深化政治体制改革,建设社会主义法治国家,发展更加广泛、更加充分、更加健全的人民民

---

① 习近平:《关于〈中共中央关于全面深化改革若干重大问题的决定〉的说明》,《人民日报》2013 年 11 月 16 日。

主;要紧紧围绕建设社会主义核心价值体系、社会主义文化强国深化文化体制改革,推动社会主义文化的繁荣发展;要紧紧围绕更好保障和改善民生、促进社会公平正义深化社会体制改革,确保社会既充满活力又和谐有序;要紧紧围绕建设美丽中国深化生态文明体制改革,加快形成人与自然和谐发展现代化建设新格局;要紧紧围绕提高科学执政、民主执政、依法执政水平深化党的建设制度改革,为改革开放和社会主义现代化建设提供坚强政治保证。当前我国面临的社会矛盾纷繁复杂,改革任务十分繁重,改革必须抓住主要矛盾。在各项改革中,主要矛盾是深化经济体制改革,因为经济基础决定上层建筑,以经济建设为中心不动摇,就决定了要把经济体制改革作为全面深化改革的重点。通过深化经济体制改革带动和引领其他各项改革,当然,深化经济体制改革不能忽视或代替其他各项改革。

(三)加快推进经济结构战略性调整

经济结构是经济运行过程中各个产业、各个地区、城乡以及各种需求等之间及其内部的比例关系,包括产业结构、区域结构、城乡结构、需求结构等。经济结构的战略性调整指的是对国民经济结构进行整体的全面的具有长远意义的优化和调整,而不是局部的个别的缝缝补补式的改造。2013年10月7日,习近平总书记在亚太经合组织工商领导人峰会上的演讲中指出,为了从根本上解决中国经济长远发展问题,必须坚定推动结构改革,宁可将经济增长速度降下来一些。我国经济发展中产生的诸多问题,如高投资、高消耗、高浪费导致的经济低效率,在经济高速增长同时付出沉重环境代价,社会发展不协调问题愈益突出,区域和城乡之间发展不平衡的问题没有从根本上得以缓解,进出口贸易不平衡和出口方式粗放等,根本原因是经济结构不合理。要提高经济增长质量,实现全面协调可持续发展,关键是调整和优化经济结构。

促进经济结构战略性调整就是要实现工业化、信息化、城镇化和农业现代化同步发展。

1. 推动信息化和工业化深度融合。我国面临工业化和信息化双重任务,唯一可行的选择就是走工业化与信息化并举,通过工业化促进信息化、信息化带动工业化深度融合的路子。2013 年 8 月 23 日至 31 日习近平总书记在辽宁考察时指出,深入实施创新驱动发展战略,增强工业核心竞争力,形成战略新兴产业和传统制造业并驾齐驱、现代服务业和传统服务业相互促进、信息化和工业化深度融合的产业发展新格局。要实现信息化与工业化深度融合,需要加快推动和鼓励信息技术创新,在国民经济和社会发展的各个领域研制和运用世界上最先进信息技术,加快对传统产业进行技术改造。通过技术改造可以让传统产业焕发新的活力。不仅要把信息技术渗透到工业,同时要渗透到农业、服务业,推进农业和服务业现代化。

2. 推动工业化和城镇化良性互动。工业化就是工业代替农业成为国民经济主导产业的过程,是经济社会发展的必然结果,是绝大多数国家或地区必经的历史阶段。城镇化就是城镇人口在总人口中的比重逐步提高,农村人口逐步降低的过程。城镇化也是经济社会发展的必然结果。目前西方发达国家都已经完成城镇化,城镇化率已经超过 80% 甚至 90%。我国工业化总体上还处于中期阶段,城镇化率刚刚超过 50%,因此,面临着推进工业化和城镇化双重任务。工业化和城镇化不能孤立发展,需要实现二者的良性互动。一方面,要通过工业化推动城镇化,没有工业支撑的城镇化就是"空城"甚至"鬼城"。工业是城市的脊梁,城镇化需要有产业特别是工业的支撑。为此,党的十八届三中全会指出,要推进产业和城镇融合发展。要实现工业化推动城镇化,重要的是要做到:(1)要对工业进行合理布局。过去一个时期,有的地区在工业化的过程中出现村村点火、户户冒烟的现象,工业过度分散,没有相应地推进城镇化。要解决这个问题,就需要对工业进行合理空间布局,实现工业企业的相对集中,推进工业项目进园区,促进工业产业和劳动力相对聚集,从而推动城镇化发展。(2)要深化户籍制度改革,让转移出来的劳动力真正成为城镇居民,享受城市文明。推动城镇化需要改革户籍制度,实行居住证制度,凡是有固定住所,有稳定职业者均可成为所在地的城镇居民。党的十八届三中全会的《决定》明确指出了未来户籍制度改革的方向,就是要全面放开建制镇和小城市落户限制,有序放开中等城市落户限制,合理确定大城市落户条件,严格控制特大城市人口规模。(3)要坚持走中国特色的新型工业化道路,运用现代技术改造传统产业,发展更加注重资源节约和环境保护的工业,发展与现代工业相适应的现代金融、保险、信息等服务业,实现工业与服务业的协调发展。只有走中国特色的新型工业化道路,才能走出一条中国特色的城镇化道路。

城镇化可以带动工业化。城镇化可以为工业化提供便利的生产要素交易市场,减少交易成本;可以提供庞大的工业品市场,可以为工业发展提供良好的基础设施等。但城镇化带动工业化不是自然形成的,需要打造良好的投资环境,形成强大的产业吸引力。工业化过程是生产要素集聚的过程,要发挥生产要素的综合效益,需要对城市功能进行合理规划,实现更多工业生产要素在空间上的合理布局。既需要提供配套齐全的基础设施打造良好的投资硬环境,也需要打造诚实、守信、投资者利益得到切实保护的良好人文政策环境,还需要打造良好的人居环境,包括适宜人居的自然环境、方便快捷的交通服务、均衡优质的教育文化资源特别是让更多外来劳动力融入城市生活的政策资源等。总之,要以走中国特色工业化道路为契机促进城镇化,以中国特色的城镇化带动工业化,实现工业化和城镇化良性互动。

3. 推动城镇化和农业现代化相互协调。城镇化和农业现代化相互影响相互促进。一方面,城镇化可以促进农业现代化,因为城镇化可以吸纳大量农村剩余劳动力,为实现规模经济创造条件,提高了农业劳动生产率,农民生活和就业有了新的出路。城镇化可以提高农民素质,城镇化让农民享受城市文明,改变生产方式、生活方式和行为方式。城镇化可以为农产品提供广阔市场,只有不断推进农业现代化才能更好地满足城乡居民需求。另一方面,农业现代化同样可以促进城镇化,因为农业现代化就是用现代科学和管理技术武装农业生产经营的过程,伴随着农业机械化和信息化的广泛使用,可以从农业领域节约大量劳动力进入第二、第三产业,弥补城市劳动力的不足,促进城镇化发展。没有农业技术进步和管理水平提高,没有农业现代化同样没有城镇化的快速推进。未来我国推进城镇化和农业现代化的任务依然十分艰巨,需要推动二者相互协调,良性互动。(1)要科学规划,实现城乡发展在空间布局、基础设施、社会保障和社会福利、教育和文化等一体化,让农民在享受农业农村文明的同时享受城市文明,为农业现代化和城镇化造就和培育更多高素质劳动力和各级各类人才。(2)要深化改革,完善生产要素市场,促进城乡生产要素平等交换和公共资源均衡配置,形成以工促农,以城代乡,工农互惠,城乡共同发展的新格局。(3)农业现代化的过程不是简单地大量使用农药、化肥、除草剂等化学产品的过程,更多的是要实现农业生态文明,把农村打造成城镇后花园,让更多城市居民在享受更多高质量农产品的同时,享受现代农业和农村文明,更好地满足城市居民的物质和精神需求。

总之,工业化、信息化、城镇化、农业现代化是相互联系、相互影响、相互促进的有机整体,每一个方面都与其他三个方面不可分割,必需"四化"同步推进才能充分发挥合力作用。推进四化同步发展的过程,也是国民经济结构战略性调整的过程,达到促进国民经济和社会健康发展的目的。

(四)推动技术创新

习近平总书记强调,我国经济已由较长时期的两位数增长进入个位数增长阶段。在这个阶段要突破自身发展瓶颈,解决深层次矛盾和问题,根本出路在创新,关键要靠科技力量。伴随经济总量持续扩大,资源和能源约束、环境约束、国外需求不足的约束越来越强,要从根本上提高经济增长质量,实现可持续发展,只有走内生型经济增长路径,依靠技术创新。只有技术进步和创新,才能提高劳动生产率,让个别劳动时间低于社会必要劳动时间,形成企业核心竞争力,在激烈竞争中占有一席之地;才能降低企业成本,以较低的成本获得更大的收益;才能节约更多的资源和能源,实现循环经济;才能形成品牌企业和品牌产品,形成品牌效应,产生品牌价值。创新要求打破旧的思维定式和条条框框,坚持绿色发展、循环发展、低碳发展。要把企业培育成创新主体,让各种创新要素向企业集聚,打通科技和经济社会发展之间的通道,让市场真正成为配置创新资源的力量,让企业真正成为技术创新主体。以企业为主体带动高等院校科研院所的科研创新,形成协同创新的局面。创新需要激励。无论是管理创新还是技术创新,归根结底需要充分调动人的积极性和创造性。人的积极性和创造性来自于健全的激励机制,完善的政策环境,从物质和精神两个方面激发科技创新的积极性和主动性,最大限度支持和帮助科技人员创新创业。创新还需要良好的宽松的环境,一方面创新是创造性劳动,需要严格保护知识产权,打击侵权行为;另一方面创新是全新探索,既可能成功,也可能失败,甚至失败比成功的概率更大,需要形成容忍失败的氛围和环境。

三、始终坚持以人为本

以人为本就是要求发展的目的不是为了少数人的利益,而是要实现好、维护好、发展好最广大人民的根本利益,特别是要保护市场经济中弱者的利益,因为即使公平的市场竞争也会带来不公平的结果,必然会形成市场经济中的弱者,这是客观事实。以人为本不是要为增长而增长,为发展而发展,而是全面协调可持续发展。全面发展就是推进经济发展、政治发展、社会发展、文化发展、生态发展等各个方面共同发展。协调发展要求各个领域及其内部关系要相互协调,互相促进。可持续发展是指在满足当代人需求的同时以不牺牲后代人利益、不牺牲环境为前提,做到上一代和下一代、人与自然之间具有可持续性。以人为本要求发展为了人,让最广大人民群众分享发展成果,更要求发展要依靠人,让最广大人民群众参与到经济社会发展的实践中,让人民群众自觉地成为发展的主体而不是被动的接受者,特别是要尊重人民群众的首创精神,激发全体人民的积极性、创造性。以人为本就要保障人民的各项权益,包括体面劳动的权利、享受社会保障社会福利的权利、享受公平教育以及住有所居等各项权益。以人为本就是要促进人的全面自由发展,人不应该成为机器的一部分,而是要创造性劳动。

实现以人为本,就需要崇尚劳动、尊重劳动。恩格斯曾经指出,劳动和自然界在一起才是一切财富的源泉,自然界为劳动提供材料,劳动把材料转变为财富。但是劳动的作用还远不止于此。它是一切人类生活的第一个基本条件,而且达到这样的程度,以致我们在某种意义上不得不说是劳动创造了人本身。2013 年 4 月 28 日,习近平总书记在同全国劳动模范代表座谈时指出,人民创造历史,劳动开创未来。劳动是推动人类社会进步的根本力量。从个人而言,每个人都有自己的理想,都想过上更加富裕的日子和更加幸福的生活,幸福不会从天而降,梦想不会自动成真,唯一的途径是必须依靠辛勤劳动、诚实劳动、创造性劳动。从民族和国家的角度而言,实现我们的奋斗目标,到 2020 年全面建成小康社会,到 21 世纪中期实现富强文明民主和谐的社会主义现代化国家的目标,同样需要脚踏实地地劳动。实干兴邦,空谈误国。要破解发展中的难题,同样需要诚实劳动,创造性地劳动。当前我国经济社会发展中还存在各种难题,地区、城乡发展不平衡,人均国内生产总值还位于世界后列,贫困人口数量还相当庞大,城乡居民人均收入水平还比较低,我国的科技创新能力不强等。要破解这些难题,最终都需要依靠人来解决,依靠发挥人的聪明才智来解决,依靠诚实劳动来解决。习近平总书记强调指出,劳动创造了中华民族,造就了中华民族的辉煌历史,也必将创造出中华民族的光明未来。崇尚劳动,尊重劳动。一是除了要在全社会坚持劳动最光荣、劳动最崇高、劳动最伟大、劳动最美丽的导向之外,更重要的是要深化改革,排除阻碍劳动者积极性发挥的体制机制障碍。一方面,要形成等量劳动获得等量报酬的公平的初次分配机制,劳动贡献大获得报酬低,自然就没有人愿意更多地为社会劳动;劳动贡献小获得的报酬多就是鼓励懒惰,鼓励投机。改革开放之前之所以存在偷懒行为,根源就在于平均主义分配,干多干少一样,干与不干一个样,甚至干的不如不干的。二是要构建企业劳动报酬的集体协商制度。在市场经济条件下,企业的工资需要集体协商,协商的主体就是政府、企业主和代表工人利益的工会。当前推行企业集体协商制度的关键是要完善工会组织特别是非公企业的工会组织,代表工人与业主进行谈判。三是严格执行《劳动法》等相关法律,维护和发展劳动者的权利。从根本上确保劳动者的利益,打击侵害劳动者利益的现象。四是要构建完善的社会保障制度,包括养老、医疗、失业、工伤保险等,让市场经济中弱者的利益得到有效保护。五是要让劳动者实现体面劳动,全面发展。既要不断改善劳动条件、实现城乡劳动力同工同酬,也要促进劳动者全面提高文化、教育素质以及丰富的业余文化生活。

坚持以人为本,需要大力保障和改善民生。提高人民物质文化生活水平,是改革开放和社会主义现代化建设的根本目的。习近平总书记指出,人民对美好生活的向往就是我们的奋斗目标。要切实改善民生,抓民生要抓住人民最关心、最直接最现实的问题,抓住最需要关心的人群,一件事情接着一件事情办,一年接着一年干,锲而不舍地向前走。当前人民群众反映强烈的问题主要是:上学难、上学贵;就医难、就医贵;住房贵。

解决教育问题,一是需要均衡教育资源,缩小义务教育阶段区域、城乡、校际差距,为每一个孩子提供公平的接受良好教育的机会。面对广大城乡居民对更高教育质量的需求,需要改善教育质量,推行公办学校标准化建设,推进校长教师交流轮岗。二是要改革高考制度。高考制度是指挥棒,要推行素质教育,关键是要改变指挥棒,要建立对初高中学生综合评价体系,而不是一次考试定终身。进入大学之后,各个高校之间实行学分认可和转换制度。三是对于贫困家庭的孩子实行助学制度,不让一个孩子因为家庭贫困而上不起学。四是要划分政府和市场在教育中不同的功能,大力发展民办教育。

解决就医问题就是要解决看病难、看病贵。要解决看病难,需要从供给和需求两个方面来解决。从供给方面来看,要增加供给量,改善供给结构。从需求而言,就是引导患者在社区医院或村医院就诊,比较有效的办法就是与完善医疗保险制度结合起来,提高在社区或村医院就诊的医药费报销比例,降低在大医院就诊的报销比例。要从根本上解决看病贵的问题,需要厘清政府、医院、药企、患者各自的职责。一是尽快形成全民医保的格局。二是解决医院药费过高的问题,我国药价高的原因是由于没有形成真正的市场价格,要根本上解决药价过高,需要形成医药的市场定价机制。三是对于常见病特别是常见手术,需要有一个大体相一致的医疗价格范围,而不能同一个手术价格相差悬殊。

解决住房难的问题,需要从根本上厘清政府和市场的职责。政府的职责就是为低收入者提供基本的居住需求。在一座城市中,低收入者的数量总是有限的,也就意味着有一定的房源可以解决所有低收入者的住房问题。如果收入提高,要么从公租房中搬迁,要么按照市场价格缴纳房租。对于高收入者而言,则需要由市场调节,究竟房价多高,由市场来决定。对于中等收入者而言,需要降低首付比例,降低贷款利息率,若干年之后付清房款。

（原载于《桂海论丛》2014 年第 6 期）

怎样理解协调发展*

习近平总书记指出："下好'十三五'时期发展的全国一盘棋,协调发展是制胜要诀。"①可以说,实现协调发展是我国"十三五"乃至更长时期能够进一步发展的关键一环。

一、协调发展的意涵

准确理解协调发展理念的内涵,应把握事物发展的三条基本规律。

首先,事物是普遍联系的,事物及事物各要素相互影响、相互制约,整个世界是相互联系的整体,也是相互作用的系统。协调发展要求社会内部各要素的相互配合,注重结构、比例、速度等方面的平衡与健康,强调发展的整体性和综合性。邓小平指出："现代化建设的任务是多方面的,各个方面需要综合平衡,不能单打一。"②一些拉美国家因为没有协调好经济增长与财富分配的关系,最终落入"中等收入陷阱"。

---

* 本文作者:孙代尧,北京大学马克思主义学院副院长、教授,北京,100871;何海根,中共中央党校科学社会主义教研部讲师。

① 习近平:《在省部级主要领导干部学习贯彻党的十八届五中全会精神专题研讨班上的讲话》,《人民日报》2016年5月10日。

② 《邓小平文选》第2卷,人民出版社1994年版,第250页。

　　其次,由平衡到不平衡再到新的平衡是事物发展的基本规律。历史经验表明,一个国家在发展过程中往往会出现各种失调现象。由于现代社会的复杂性,发展的常态更多地表现为不平衡与不协调,以及对这种不平衡与不协调的不断克服。因此,协调发展是一个动态的和相对的历史过程,没有始终不变的协调举措,也没有绝对的协调状态。随着经济社会的变化以及发展阶段的改变,发展中要求协调的项目和内容也会相应发生改变,同时,一个运行优良的经济社会系统并非没有小的失衡,而是朝着更加协调的方向发展。当前我国发展不协调的问题突出表现在区域、城乡、经济和社会、物质文明和精神文明、经济建设和国防建设等关系上。协调发展理念的提出,正是为了推进这些失衡关系实现再平衡。

　　再次,事物的内部矛盾是事物发展的根本动力,要用两点论和重点论的观点看问题。一方面,中国在发展中既有优势和强项,也存在各种不足,新问题不断产生,因此需要扬长补短,实现协调发展。习近平总书记指出:"一个国家、一个地区乃至一个行业在其特定发展时期既有发展优势、也存在制约因素,在发展思路上既要着力破解难题、补齐短板,又要考虑巩固和厚植原有优势,两方面相辅相成、相得益彰,才能实现高水平发展。"[1]另一方面,也要看到,正是各种不协调的矛盾现象和难题,倒逼中国向更高水平发展。习近平总书记指出:"协调是发展短板和潜力的统一,我国正处于由中等收入国家向高收入国家迈进的阶段,国际经验表明,这个阶段是各种矛盾集中爆发的时期,发展不协调、存在诸多短板也是难免的。协调发展,就要找出短板,在补齐短板上多用力,通过补齐短板挖掘发展潜力、增强发展后劲。"[2]

---

[1]　习近平:《在省部级主要领导干部学习贯彻党的十八届五中全会精神专题研讨班上的讲话》,《人民日报》2016 年 5 月 10 日。

[2]　习近平:《在省部级主要领导干部学习贯彻党的十八届五中全会精神专题研讨班上的讲话》,《人民日报》2016 年 5 月 10 日。

二、三大发展节点上的协调发展论

发展不协调是中国长期存在的问题,协调发展理念在中国共产党的发展理论中不是新事物。新中国成立以来,中国共产党在国家建设过程中积极探索解决各个时期内涵不同的协调发展问题,对协调发展的认识也在不断深化,反映在中国现代化发展进程中的三大节点上。

第一个节点是"发展起步"。新中国成立初期基本上没有真正的协调发展,甚至可以说,一个现代国家与社会所应具有的内部要素和系统在中国还没有完全形成或构建。1954 年,毛泽东深有感触地说:"现在我们能造什么? 能造桌子椅子,能造茶碗茶壶,能种粮食,还能磨成面粉,还能造纸,但是,一辆汽车、一架飞机、一辆坦克、一辆拖拉机都不能造。"①因此,在发展起步阶段,首先要构建完备的社会发展要素,对于新中国来说就是建立一个独立的比较完整的工业体系和国民经济体系,并在此基础上探索在较低生产力水平下的协调发展问题。苏联模式对中国的工业化起步具有积极意义,但它强调集中性的体制和偏向重工业发展。针对这些弊端,毛泽东提出了坚持统筹兼顾的发展原则,探索和促进国民经济各部门、不同产业、不同地区之间的协调发展,形成了均衡协调发展观,主要体现在毛泽东的《论十大关系》《关于正确处理人民内部矛盾的问题》两部著作中。

第二个节点是"发展加速"。改革开放以后,中国进入快速发展时期。"发展加速"时期对协调问题提出了更高要求。一方面,快速发展与协调整顿交替进行成为一种常态。快速发展是协调整顿的前提与基础,协调整顿又进一步促进快速发展。邓小平在总结 1980 年到 1984 年的发展时提出:"那五年的加速发展,也可以称作一种飞跃,但

---

① 《毛泽东文集》第 6 卷,人民出版社 1999 年版,第 329 页。

与'大跃进'不同,没有伤害整个发展的机体、机制","如果不是那几年跳跃一下,整个经济上了一个台阶,后来三年治理整顿不可能顺利进行。看起来我们的发展,总是要在某一个阶段,抓住时机,加速搞几年,发现问题及时加以治理,尔后继续前进","对于我们这样发展中的大国来说,经济要发展得快一点,不可能总是那么平平静静、稳稳当当。要注意经济稳定、协调地发展,但稳定和协调也是相对的,不是绝对的"。①　另一方面,经济社会关系中需要协调的新要素不断增加,需要综合处理的关系更加复杂,既要全面统筹又要抓住重点。随着改革开放和现代化建设的推进,邓小平提出了民主和法制都不能削弱、物质文明和精神文明"两手抓,两手都要硬"、政治体制改革和经济体制改革相互配合等协调发展的中国话语和理念。20 世纪 90 年代以后,需要协调处理的关系明显增加,江泽民在党的十四届五中全会上发表《正确处理社会主义现代化建设中的若干重大关系》,系统阐述了改革、发展和稳定的关系,速度和效益的关系,经济建设和人口、资源、环境的关系,三次产业的关系,东部和中西部地区的关系,以及国防建设和经济建设、物质文明和精神文明等十二个方面的关系。②　进入 21 世纪,中国社会发展进程中的不协调因素日渐增加,针对发展中出现的矛盾和问题,科学发展观提出了"五个统筹":统筹城乡发展、统筹区域发展、统筹经济社会发展、统筹人与自然和谐发展、统筹国内发展和对外开放。发展加速时期协调发展的基本内容,主要针对发展中日益凸显的重大矛盾与问题而提出,在经济社会快速转型过程中,需要协调的要素越来越多,难度也越来越大。

第三个节点是"发展起来以后"。2015 年中国国内生产总值达到67.7 万亿元,中国已是名副其实的"发展起来以后"的国家。早在

---

① 《邓小平文选》第 3 卷,人民出版社 1993 年版,第 376 - 377 页。
② 《江泽民文选》第 1 卷,人民出版社 2006 年版,第 460 - 475 页。

1993 年邓小平就指出"发展起来以后的问题不比不发展时少"①。习近平总书记也指出:"不发展有不发展的问题,发展起来有发展起来的问题,而发展起来后出现的问题并不比发展起来前少,甚至更多更复杂了。"②中国在过去几十年的发展中,协调发展要解决的问题集中在产业关系、经济与社会关系、人与自然的关系等方面,而"发展起来以后"仍然存在或新出现的一系列不平衡、不协调的现象,从本质上已属于人与社会的紧张关系,人的发展问题越来越重要。从共同贫穷到收入不平等程度较为严重,中国发展不平衡的矛盾更加尖锐,包括贫富差距拉大、社会冲突扩大、城乡和区域间的经济差距问题逐步演变为一系列社会问题等,这些问题的根本症结就是人的发展与经济社会发展不协调。"在经济发展水平落后的情况下,一段时间的主要任务是要跑得快,但跑过一定路程后,就要注意调整关系,注重发展的整体效能,否则'木桶'效应就会愈加显现,一系列社会矛盾会不断加深。"③如何消除社会发展过程的这种不协调,缓和人与社会的紧张关系?首先要通过整体性协调发展解决发展中的不平衡问题。十八大报告提出了经济建设、政治建设、文化建设、社会建设、生态文明建设并列的"五位一体"的发展总布局。十八届五中全会又提出着力形成平衡发展结构的"四个推动":推动区域协调发展、推动城乡协调发展、推动物质文明和精神文明协调发展、推动经济建设和国防建设融合发展。这是一种整体协调发展观,既是对我国当前存在的发展不平衡、不协调现状的一个治理措施,也是对马克思主义协调发展理论中国化的升华。"发展起来以后"协调发展的特点是强调发展的整体性,补齐明显

---

① 《邓小平年谱(1975—1997)》下,中央文献出版社 2004 年版,第 1364 页。
② 习近平:《在党的十八届五中全会第二次全体会议上的讲话(节选)》,《求是》2016年第 1 期。
③ 习近平:《在党的十八届五中全会第二次全体会议上的讲话(节选)》,《求是》2016年第 1 期。

的短板,不仅从经济层面,还要更多地从社会发展、社会建设、人民群众的获得感层面来考虑问题。对此,"十三五"规划提出了关于特殊类型地区发展、脱贫攻坚、新型城镇化建设、社会关爱行动计划、文化建设等一系列重大工程。我国已进入全面建成小康社会的关键时期,实现整体协调发展尤为重要。作为新时期五大发展理念之一,协调发展是补齐发展短板,平衡经济社会发展各元素,实现全面小康的重点所在。"全面建成小康社会,强调的不仅是'小康',而且更重要的也是更难做到的是'全面'。'小康'讲的是发展水平,'全面'讲的是发展的平衡性、协调性、可持续性。如果到 2020 年我们在总量和速度上完成了目标,但发展不平衡、不协调、不可持续问题更加严重,短板更加突出,就算不上真正实现了目标,即使最后宣布实现了,也无法得到人民群众和国际社会认可。"①

三、实现协调发展要求合规律性与合目的性相统一

习近平总书记在关于《建议》的说明中指出:"十三五"时期我国发展,既要看速度,也要看增量,更要看质量,要着力实现有质量、有效益、没水分、可持续的增长。②"十三五"规划在强调科学发展这一必须遵循的原则时,也明确提出要"加大结构性改革力度,加快转变经济发展方式,实现更高质量、更有效率、更加公平、更可持续的发展"③。这就要求:一方面要保持经济的中高速增长,另一方面要千方百计实现协调发展,否则中国的发展就只能停留在阶段性的快速发展上

---

① 习近平:《在党的十八届五中全会第二次全体会议上的讲话(节选)》,《求是》2016年第1期。

② 习近平:《关于〈中共中央关于制定国民经济和社会发展第十三个五年规划的建议〉的说明》,《人民日报》2015年11月4日。

③ 《中华人民共和国国民经济和社会发展第十三个五年规划纲要》,《人民日报》2016年3月18日。

而无法跨越"中等收入陷阱"。协调发展在经济社会中起着非常重要的作用,协调就能实现良性循环。同时,协调发展的推进,既是对以往不协调、不平衡状况的改变,也是对未来发展态势的主动性规范。协调发展的实现受到客观条件的限制,要遵循发展的规律;与此同时,协调作为经济社会发展的一种理想状态,它的实现又与人的理念、意愿、思维方式等息息相关。因此,实现协调发展既要考虑合规律性,也要考虑合目的性,要把二者统一起来。正如习近平总书记指出的:"协调既是发展手段又是发展目标,同时还是评价发展的标准和尺度","是发展平衡和不平衡的统一","平衡是相对的,不平衡是绝对的"。①

合规律性要求充分认识协调发展的客观性。人类社会的发展是一个自然历史过程,社会发展规律是客观的,不以人的意志为转移,人的生产实践过程必须遵循客观规律。就协调发展而言,其规律性主要体现在三个方面:第一,社会发展的完全协调只能是偶然的,协调是理想状态,绝对的协调是不存在的。习近平总书记指出:"我国发展不协调是一个长期存在的问题。"②长期以来,我国经济社会一直处于不协调状态,这是常态。第二,协调发展作为一种趋势是可能的,并且是必要的。例如产业结构的调整要趋向协调,市场供给与需求要趋向协调,经济增长的量与社会进步的度要趋向协调,社会发展与人的发展要趋向协调等。第三,处于不完全协调状态的经济社会,如若趋向协调,这样的发展则是稳定的。反之,如若远离协调,则最终会导致经济社会的运行完全失序或倒退。因此,中国协调发展的实现和一系列问题的解决,既不能急于求成、操之过切,也不能熟视无睹、任其恶化,而

---

① 习近平:《在省部级主要领导干部学习贯彻党的十八届五中全会精神专题研讨班上的讲话》,《人民日报》2016 年 5 月 10 日。

② 习近平:《在党的十八届五中全会第二次全体会议上的讲话(节选)》,《求是》2016年第 1 期。

要在把握经济发展新常态的基础上科学地对协调发展谋篇布局。从西方发达国家的现代化经验以及一些后发国家的发展教训来看,现代化建设必须重视协调发展,这是一个客观真理。

合目的性要求强化协调发展理念并发挥出主体的主观能动性。发展的合目的性是相对于合规律性而言的。合目的性是社会主体自觉趋向合乎人类和社会的发展要求的终极目标。社会历史发展是通过人的有目的的实践来实现的。正如恩格斯指出的:"在社会历史领域内进行活动的,是具有意识的、经过思虑或凭激情行动的、追求某种目的的人;任何事情的发生都不是没有自觉的意图,没有预期的目的的。"①协调发展作为经济社会发展的一种理想状态,需要充分发挥人的主观能动性,积极引导经济社会向更加协调发展。习近平总书记在主持起草《建议》时就强调:"首先要把应该树立什么样的发展理念搞清楚,发展理念是战略性、纲领性、引领性的东西,是发展思路、发展方向、发展着力点的集中体现。发展理念搞对了,目标任务就好定了,政策举措跟着也就好定了。"②实现协调发展亦是同样道理,需要人们先牢固树立协调发展理念,将理念融入具体的生产实践,以此来推动经济社会的向前发展。

包括协调发展在内的社会历史发展的合规律性与合目的性是辩证统一的,合规律性是客观基础,合目的性是能动反映。离开合目的性的合规律性的发展,只能是消极自发的机械等待,非但不能取得进步,反而可能倒退;离开合规律性的合目的性发展,从根本上否定了实现协调发展的客观规律,极易形成"大跃进"式的、不切实际的发展目标,最终加剧不协调与不平衡的程度。《建议》和"十三五"规划既正

---

① 《马克思恩格斯选集》第 4 卷,人民出版社 1995 年版,第 247 页。

② 习近平:《在党的十八届五中全会第二次全体会议上的讲话(节选)》,《求是》2016 年第 1 期。

视当前我国存在的一系列不协调问题,也强调通过树立新的协调发展理念来引领未来的发展。

(原载于《中国高校社会科学》2016 年第 5 期)

协调发展理念研究[*]

习近平在党的十八届五中全会上第一次提出并系统论述了创新、协调、绿色、开放、共享"五大发展"理念,成为党的十八届五中全会关于"十三五"规划建议的最大思想亮点。"五大发展"理念是破解我国经济发展不平衡、不协调、不可持续等突出问题的金钥匙,也是引领我国经济发展新常态的根本思想保证。要实现全面建成小康社会的目标,协调发展是关键,正如习近平所指出的"下好'十三五'时期发展的全国一盘棋,协调发展是制胜要诀"[①]。

一、协调发展理念提出的时代背景

20 世纪 70 年代以来,许多国家和地区进入了中等收入国家行列,但随之而来的就是面临"中等收入陷阱"的考验。一些国家和地区实现了经济发展模式的成功转型,在由中等收入国家向高收入国家的转变过程中,较好地控制了收入差距扩大的问题,经济社会发展持续向好,成功地跨过了"中等收入陷阱",而像巴西、墨西哥、南非、马来西亚

---

* 本文作者:苏庆华,男,凯里学院马克思主义学院副教授,凯里学院价值学与经济哲学研究所副所长,法学博士。

① 《习近平在省部级主要领导干部学习贯彻十八届五中全会精神专题研讨班开班式上发表重要讲话强调聚焦发力贯彻五中全会精神确保如期全面建成小康社会》,《人民日报》2016 年 1 月 19 日。

以及拉丁美洲的一些国家,由于未能及时调整经济发展方式,未能实现经济发展模式的成功转型,没有成功地跨越"中等收入陷阱"。长期以来,由于没有及时进行技术创新和产业升级,新的经济增长点没有形成,经济持续增长疲软乏力,导致经济社会发展总是原地踏步,伴随而来的社会问题层出不穷,如失业率居高不下、贫富差距越来越大、社会动荡不安、腐败问题日趋严重等。因此,如何成功跨越"中等收入陷阱",如何使国家实现均衡发展和协调发展,考验着领导人的政治智慧,也直接关系到该国能否实现可持续发展。

目前,我国已建成世界第二大经济体、最大货物贸易国、第三大对外直接投资国,人均国内生产总值接近 8000 美元。我国经济能否实现持续稳定增长、把改革开放推进下去,能否避免陷入"中等收入陷阱"呢? 尽管我国已经站在新的历史起点上,但发展不平衡、不协调、不可持续等突出问题依然存在。目前,我国改革已经进入攻坚期和深水区,也是社会矛盾的高发期。尽管我国以 30 多年的时间取得了西方发达国家 100 多年的发展成果,但西方发达国家 100 多年分阶段出现的矛盾和问题在我国 30 多年的时间里集中爆发。正如习近平指出的,中国改革"已进入深水区,可以说,容易的、皆大欢喜的改革已经完成了,好吃的肉都吃掉了,剩下的都是难啃的硬骨头……改革再难也要向前推进"。而这些"硬骨头"是全方位的,涉及经济、政治、文化、社会、生态、军队以及党的建设等各个领域。可以说,我国的改革是中国历史也是人类发展史上涉及面最广、受众最多、程度最深、难度最大、持续时间最长的一场革命。

正是在这样的时代背景下,习近平高瞻远瞩地提出了创新、协调、绿色、开放、共享"五大发展"理念,其目的在于破解我国发展不平衡、不协调、不可持续等突出问题,为我国的经济新常态作引领,为"十三五"时期的经济社会持续健康发展指路领航,为全面建成小康社会的奋斗目标奠定思想基础。习近平在杭州 G20 峰会上表示:"我们将以壮士断腕的勇气、凤凰涅槃的决心,敢于向积存多年的顽瘴痼疾开刀,敢于触及深层次利益关系和矛盾,把改革进行到底。"

二、协调发展理念的历史演进

协调发展是马克思主义发展理论的重要组成部分,也是我们党几代领导人非常关注的重要问题。习近平的协调发展理念继承了马克思主义协调发展理论的精髓,并赋予了典型的时代特色,与我们党几代领导人的发展思想一脉相承,体现了与时俱进的理论品质。

马克思主义认为,人类社会是一个由各种相互联系、相互制约、相互转化的因素和领域构成的"有机体",社会的发展同样是一个各种矛盾交错的过程。正如恩格斯所说"历史是这样创造的:最终的结果总是从许多单个的意志的相互冲突中产生出来的,而其中每一个意志又是由于许多特殊的生活条件才成为它所成为的那样。这样就有无数互相交错的力量,有无数个力的平行四边形,由此就产生出一个合力,即历史结果,而这个结果又可以看作一个作为整体的、不自觉地和不自主地起着作用的力量的产物"①。他进一步指出:"整个伟大的发展过程是在相互作用的形式中进行的(虽然相互作用的力量很不均衡)。"②协调发展就是要协调好各种矛盾和不均衡因素,进而实现经济社会的持续健康发展。生产力与生产关系之间、经济基础与上层建筑之间的矛盾,是人类社会发展的两大基本矛盾,协调发展就是要协调好这两大基本矛盾之间的关系,"生产方式、生产力在其中发展的那些关系并不是永恒的规律,而是同人们及其生产力发展的一定水平相适应的东西"③。总之,马克思主义关于发展的有机整体论、交互作用

---

① 《马克思恩格斯选集》第四卷,人民出版社 1972 年版,第 478－479 页。
② 《马克思恩格斯选集》第四卷,人民出版社 1972 年版,第 487 页。
③ 《马克思恩格斯选集》第一卷,人民出版社 1995 年版,第 142 页。

论、合力论等,都是对人类社会协调发展规律的科学认识。

在马克思主义中国化的进程中,马克思主义协调发展理论得到进一步的丰富、发展和完善。1956年,在中央政治局扩大会议和最高国务会议上,毛泽东做了《论十大关系》的报告,对我国社会主义建设的经验进行初步总结,针对苏联不注重协调发展的历史教训,明确提出要以苏为鉴,独立自主地探索适合中国国情的社会主义建设道路。他说:"特别值得注意的是,最近苏联方面暴露了他们在建设社会主义过程中的一些缺点和错误,他们走过的弯路,你还想走?过去我们就是鉴于他们的经验教训,少走了一些弯路,现在当然更要引以为戒。"①《论十大关系》其中前三条涉及重工业和轻工业、农业的关系,沿海工业和内地工业的关系,经济建设和国防建设的关系,这些论述关注的是我国经济社会如何协调发展的问题,并明确提出了处理这些关系的基本方针———"统筹兼顾、统筹安排"。

随着党的十一届三中全会的召开,邓小平提出了"以经济建设为中心,坚持四项基本原则、坚持改革开放"社会主义初级阶段党的基本路线,这是对马克思主义协调发展理论的继承和发展。在改革开放时期,邓小平进一步丰富和发展了马克思主义协调发展理论和毛泽东关于协调发展初步探索的理论成果,论述了建设社会主义现代化一定要重视综合平衡,防止单打一。要让一部分人、一部分地区先富起来,先富带动后富,最终实现共同富裕。区域发展要坚持两个大局的发展战略。要两手抓、两手都要硬,实现我国现代化事业的全面发展。

十三届四中全会以后,江泽民概括了我国社会主义现代化建设的十二大关系,并提出了"三个代表"重要思想,高屋建瓴地规划了先进生产力、先进文化和人民群众根本利益共同跨越、协调发展的宏伟蓝图。他在物质文明和精神文明"两手抓"的基础上,开创性提出物质文

---

① 《毛泽东文集》第七卷,人民出版社1999年版,第23页。

明、政治文明和精神文明一起抓,协调发展。以胡锦涛为总书记的中央领导集体提出了经济建设、政治建设、文化建设和社会建设"四位一体"的总体格局,并强调在经济社会发展的同时要保护自然环境,实现人与自然的和谐发展,倡导建立现代意义上的"天人合一"。习近平在新的历史时期紧扣时代脉搏,牢牢把握我国改革开放的大局,放眼世界跌宕起伏的经济形势,提出了一系列协调发展的新论断和新举措。他认为,社会主义的优越性在发展上就是体现为统筹规划协调发展,"统筹兼顾是中国共产党的一个科学方法论。它的哲学内涵就是马克思主义辩证法"。言出行随,协调发展举措不仅惠及全国,而且恩泽世界。就国内来说,在推进西部大开发、中部崛起和东北老工业基地振兴的基础上,推动京津冀一体化和长江经济带的建设,特别是强调要协调推进"四个全面"的战略布局。就国际而言,开创性地提出要推进"一带一路"建设,加强同有关国家和地区多领域互利共赢的务实合作,让世界分享中国发展机遇,实现共同繁荣。

三、协调发展理念的内涵解读

协调发展主要是指不能单纯追求经济发展,唯 GDP 是从,而应统筹城乡发展,统筹区域发展,统筹经济社会发展,统筹人与自然协调发展,统筹国内发展与对外开放,使生产关系与生产力相适应,使上层建筑与经济基础相适应,谋求经济、政治、社会、文化、生态"五位一体"共同发展,协调推进。由此看出,发展既是一个整体也是一个系统,它强调的是每一个方面、每一个环节、每一个因素必须协调联动,牵一发而动全身。具体来说,协调发展具有以下几个特征。

(一)系统性。马克思主义告诉我们,事物不仅是变化发展的,而且是普遍联系的。所以,我们要以发展的眼光看问题,以联系的观点处理问题。随着经济全球化的迅猛发展,各个国家、各个地区、各个行业之间关联互动越来越紧密,我们必须有大局观念和整体思维,并以之指导我们的行动,在抓住中心任务的同时,兼顾其他工作,处理好各种关系,整体推动各项工作。协调发展要求我们识大体、谋大事、顾大局,不能把自己束缚在"一亩三分地"里,要走出个人利益的藩篱,投向社会的怀抱,服从国家的整体利益,服从人民群众的长远利益。

(二)关联性。任何一项改革措施的出台都不是孤立的,必将对其他的改革带来冲击,形成连锁反应,要想该项改革措施能够顺利推行下去,就需要同其他改革措施进行磨合,从而使各项改革能够协同推进,相向而行。所以,协调发展其实就是协同发展,如何协同发展,唯有凝聚发展合力。我们的改革是综合改革,每一项改革措施都需要进行相关的配套改革。只有各项相关改革协调推进,才能取得"双赢""共赢"的效果。正因为各项改革相互关联,所以我们万众一心、和衷共济,绝不能各自为政、自私自利。协调发展需要我们将各项改革发展举措综合思量、协调配合,从而形成美妙的"协奏曲"。

(三)均衡性。木桶能装多少水,主要是看最短的那块木板,而不是看最长的那块木板,这就是"木桶效应"。它启示我们:协调发展也需要补短板,正所谓"补厥挂漏,俾臻完善"。习近平一再强调"必须全力做好补齐短板这篇大文章"。我国的经济社会发展也存在很多短板,如贫富差距、城乡差别、地区差异、行业差距等,这些严重阻碍我国经济社会发展。我们要想协调发展,实现整体增效,达到共同富裕的目标,就必须做好补齐短板这篇大文章,解决涉及发展全局的"心头之患",以免功亏一篑。这就要求我们培植发展后劲,增强后发优势,调结构,促协调。

习近平指出:"对中国而言,'中等收入陷阱'过是肯定要过去的,关键是什么时候迈过去、迈过去以后如何更好向前发展。我们有信心在改革发展稳定之间以及稳增长、调结构、惠民生、促改革之间找到平衡点,使中国经济行稳致远。"的确如此,只要我们牢固树立创新、协调、绿色、开放、共享"五大发展理念",并坚定不移地落实在行动上,就一定能达到全面建成小康社会的目标,中华民族伟大复兴的中国梦就一定能实现。

（原载于《传承》2016 年第 11 期）

协调:从发展理念到方法论创新[*]

"问题是时代的声音。"习近平总书记站在政治和全局的高度,审时度势,高屋建瓴,明确提出创新、协调、绿色、开放、共享五大发展新理念,强调协调发展着眼于解决发展的整体性、系统性和协调性。协调发展既是新的发展理念,又是应对中国发展"时代难题"的社会工程思维,对于实现"两个一百年"目标具有重要的方法论意义。

一、协调发展展现社会工程新思维

"现代文明面对的矛盾与风险,以前所未有的规模和紧迫性向人类的理智提出了挑战。'社会工程'作为一种思维方式已经成为现代社会驾驭矛盾和风险进而把握世界的基本方式。"①

我们以存在与时间、工具与目的、设计与建构、创新与试错、过程与结果、系统与协调等社会工程方法,把握我国全面建成小康社会决胜阶段面临的诸多矛盾和问题,不难发现,不平衡、不协调、不可持续的问题已经成为瓶颈。因而,充分展示社会工程方法论魅力并体现整

---

* 本文作者:田鹏颖,东北大学马克思主义学院教授。
本文系中共辽宁省委宣传部委托项目"中国道路的生成逻辑研究"(项目编号:201502)的阶段性成果。
① 田鹏颖:《社会工程——现代社会把握世界的基本方式》,《中国社会科学》2008 年第 4 期。

体性、系统性和全面性要求的协调发展新理念,无疑是对发展不平衡、不协调、不可持续问题的创造性回应,是处理当前社会发展中的矛盾和困境的社会工程思维。

(一)价值指向———全面建成小康社会蕴含协调发展

在马克思的视野中,人类社会是一个有机体,中国特色社会主义建设总布局是经济建设、政治建设、文化建设、社会建设、生态文明建设"五位一体"的。"一体",表明"五位"互为有机体,或共同构成有机体。因此,全面建成小康社会核心是"全面",重点和难点也是"全面"。在理论上考察,协调发展是马克思社会有机体理论的题中应有之义,是全面建成小康社会中"全面"的必然要求。从实践上思考,协调是提升发展整体效能、推进社会全面进步的有力保障,能够推进创新、绿色、开放、共享发展进程。从方法论上研究,协调发展是中国共产党应对全面建成小康社会中不协调、不平衡、不可持续这一时代难题的一种社会工程自觉。

第一,"协调"是社会有机体系统内部各子系统(各要素)的协调发展。党的十八大提出了全面建成小康社会目标,即经济持续健康发展、人民民主不断扩大、文化软实力显著增强、人民生活水平全面提高以及资源节约型、环境友好型社会建设取得重大进展。[1] 显然,全面小康是一个包含经济、政治、文化、社会、生态领域的总目标,是一个系统、一个整体,离开任何一个方面,都不能称之为全面小康,"五位一体"的社会有机体就可能发生故障。

第二,"协调"是社会空间区域协调发展。不同发展时期(阶段)采取不同的区域发展战略,改革开放以后,基于国情和东部沿海地区的地域优势,东部实现了优先发展;21 世纪以来实行西部大开发、中部

---

[1] 胡锦涛:《坚定不移沿着中国特色社会主义道路前进为全面建成小康社会而奋斗》,人民出版社 2012 年版,第 17 - 18 页。

崛起、振兴东北老工业基地等战略,实现从非均衡转向均衡发展,从局部开放转向全国开放;党的十八大以来,实施区域发展与开放新战略:"京津冀协同发展战略""长江经济带"和"一带一路"战略,中国区域发展战略进入了陆海内外联运,东西双向开放,全国区域大协调发展的新阶段。

第三,"协调"是社会整体各组成部分之间的协调发展。全面建成小康社会意味着城市和农村所有区域都进入小康社会,而不是一部分地区进入小康社会。因而最艰巨最繁重的任务在农村,特别是在贫困地区,而发达地区则要向更高水平的小康迈进,要通过产业接替、结构转型升级,缩小收入差距,使所有地区按时全面建成小康社会。

第四,"协调"是社会主体间的协调发展。全面建成小康社会,进而实现第二个"百年目标",让每个人都享有人生出彩的机会,每个人都享受社会发展带来的成果,实现人的自由而全面发展。通过生产力的发展满足人民对教育、就业、收入、公共服务及社会保障的新要求、新期望,进而实现更高质量的就业、社会保障全覆盖,缩小收入差距,体现社会主义的本质。

(二)布局转向——"五位一体"亟待协调发展

如前所述,"五位一体"总布局是一个"社会有机体"。在社会工程视野中审视"五位一体","五位一体"的演进必然要求发展的整体性、协调性、平衡性、系统性。

第一,整体性。社会有机体由政治、经济、文化、环境等一系列因素构成,评判社会发展的标准是各个要素综合所表现出来的整体效能,而不是单个要素发展的优劣。整体功能大于各部分功能之和,整体对局部起着决定、支配、制约和协调的作用。整体为部分提供了广阔的发展前景,离开整体的部分就变成了"无机体"。各个要素、各个部分服从服务于整体发展,因此,协调发展是社会有机体整体全面发展。

第二,协调性。构成整体的各要素之间是相互影响、相互作用的,这个整体不是各个要素的简单机械相加,而是有机构成。经济发展为政治、文化、社会、生态建设提供物质基础,上层建筑的发展则对经济基础具有反作用,特别是在"五位一体"总布局中注入生态文明建设元素,从而使经济社会发展"披上绿色",实现可持续发展。

第三,平衡性。在社会有机体中,每一部分都是不可或缺的,因而都是"有机"构成,不能以牺牲某个要素为代价而促进其他要素的发展,导致发展畸形,形成"短板",最终导致社会有机体整体效能降低。从马克思社会有机体理论视角考察,不能以牺牲任何一个有机组成部分为代价,经济、政治、文化、社会、生态等在社会有机体演进中,都不可偏。只有人与自然的关系协调、人与人(社会)的关系协调,以及这两个关系的关系协调了,人们才能在青山绿水蓝天中,创造和享受幸福生活。

(三)战略方向——经济新常态呼唤协调发展

马克思主义认为,"经济的社会形态发展是一个自然史的过程"[1],有着不依人的意志为转移的规律性。"我国发展仍处于重要战略机遇期,我们要增强信心,从当前我国经济发展的阶段性特征出发,适应新常态,保持战略上的平常心态。"[2]习近平总书记指出,中国经济已经进入"新常态","新"意味着现阶段经济发展已经呈现了不同既往的新特征,已经和正在摆脱经济增长速度偏高的旧常态,进入到"三期叠加"的新阶段:增长速度进入换挡期、结构调整面临阵痛期、前期刺激政策进入消化期。面对经济发展新常态,必须站在马克思唯物史观的理论高度,从世界历史制高点,把握国内国际两个大局,以平常心态认识新常态,适应新常态,引领新常态,关注宏观、关注战略、关注

---

① 《马克思恩格斯文集》第5卷,人民出版社2009年版,第100页。
② 田俊荣、吴秋余:《中国经济:新常态,新在哪?》,《人民日报》2014年8月4日。

长远,着力把握经济新常态的大逻辑。而驾驭这一大逻辑,需要整体、系统、全面、协调的社会工程新思维,以提升解决瓶颈制约,促进结构升级,实现协调发展的哲学自觉。即统筹兼顾经济增长速度、经济结构平衡、经济发展动力,使经济增长更趋平稳,增长动力更为多元,发展前景更加光明。任何顾此失彼,都可能导致"五位一体"的社会有机体失衡。因此,协调这个方法论意义的社会工程思维,在协调人与自然关系、改善人的生存环境、实现人与自然协调发展,在统筹设计人与人(社会)发展空间格局,甚至在陆海内外联运,东西双向开放等方面,以实现创新发展、协调发展、协同发展、共同发展等重大战略问题上大有可为。

(四)问题导向———全面深化改革直面协调发展

中国作为世界第二大经济体迅速崛起的同时,也正面临从区域发展不平衡到城乡发展不平衡、从经济社会发展不协调到物质文明和精神文明不同步,从生态环境污染到硬实力和软实力不协调的突出矛盾和问题,催生和呼唤着协调发展理念与方式走向历史前台。习近平总书记指出,"围绕这些重大课题,我们强调,要有强烈的问题意识,以重大问题为导向。抓住关键问题进一步研究思考,着力推动解决我国发展面临的一系列突出矛盾和问题。我们中国共产党人干革命、搞建设、抓改革、从来都是为了解决中国的现实问题。可以说,改革是由问题倒逼而产生,又在不断解决问题中得以深化"①。一是区域经济发展的不平衡、不协调。尽管中央政府通过开发西部、振兴东北、中部崛起等大战略,在政策上给予各种支持和优惠,但占全国国土面积60%以上的中西部地区,产出远远低于东部地区,人均收入甚至不到东部地区的1/3。二是城乡发展的不平衡、不协调。城乡二元结构和城市内部二元结构的矛盾依然比较突出,广大农村的基础设施、公共服务

① 《习近平谈治国理政》,外文出版社2014年版,第74页。

水平与城市相比还有很大差距,2.5亿城镇外来常住人口尚不能平等地享受公共服务。三是财富占有的不平衡、不协调。中国的贫富差距有逐渐拉大的趋势,且贫富差距已具有稳定性,形成了阶层和代际转移,一些贫困者正从暂时贫困走向长期贫困。四是物质与精神不平衡、不协调。改革开放30多年来,中国社会文明程度和国民素质与经济社会发展的水平不平衡、不协调,在物质比较充裕的背景下,社会不文明的现象仍大量存在,精神文明建设任重道远。

因此,只有以协调发展推进全面深化改革,协调好各方面关系,统筹兼顾各个领域发展,对滞后领域和薄弱环节集中攻关,补齐发展短板,把握全局,提升发展整体效能,在协调发展中拓宽发展空间,在补齐短板中增强发展后劲,实现整体功能最大化,进而形成全面建成小康社会决胜阶段的强劲势能。

二、协调发展需要社会工程顶层设计

"五大发展理念",特别是协调发展理念,不会自动进入经济社会发展的各个领域、各个环节、各个方面,必须有社会主体人积极地创造性地参与其中,必须有社会主体人的理论自觉和实践自觉,切实把"协调"当作人的对象性活动、当作实践来理解和把握。特别值得注意的是,不仅发展不平衡、不协调、不可持续问题由来已久,牵一发而动全身,甚至涉及全面深化改革的"深水区",而且要"重点促进城乡区域协调发展,促进经济社会协调发展,促进新型工业化、信息化、城镇化、农业现代化同步发展,在增强国家硬实力的同时注重提升国家软实力,不断增强发展整体性"①。尤其要着力破解发展难题,补齐"短板",加大对落后地区、贫困人口、弱势群体的帮扶力度,不断拓宽发展

---

① 《中国共产党第十八届中央委员会第五次全体会议公告》,新华网,http://news.xinhuanet.com/fortune/2015-10/29/c_1116983078.htm.

空间,厚植发展潜力,实现协调发展。因此,必须从战略的高度,从社会工程视角,切实加强顶层设计。

(一)破解城乡二元结构

协调发展要求实现区域整体平衡发展。协调发展要破解城乡二元结构难题,消除贫困,共享社会发展成果。"十三五"期间全力实施脱贫攻坚,贫困县全部摘帽,解决区域性整体贫困。中国经济腾飞发展,人民生活水平提高,但扶贫开发工作依然面临十分艰巨而繁重的任务,已进入啃硬骨头、攻坚克难的冲刺期,以习近平同志为总书记的党中央提出了精准扶贫,这一方略正是对新时期扶贫工作的积极应对和正确指引。城乡二元经济结构和社会结构是制约城乡发展一体化的主要障碍,城市发展迅速,农村发展缓慢;城市资源雄厚,乡村资源贫乏;城市设施完善,乡村设施落后,城市和乡村呈现两种截然不同的面貌。要通过政策调整和制度创新,赋予农民更多财产权利,推进城乡要素平等交换和公共资源均衡配置,完善城镇化健康发展体制。区域、城乡协调发展了,我国发展就有了崭新的空间布局、合理的利益格局,就会获得广阔发展空间和充足发展后劲。

(二)社会发展补齐短板

改革开放以来,我国经济发展速度较快,相比之下,社会建设比较滞后,形成了"一条腿短,一条腿长"的现象。经济发展是社会建设的前提,为社会建设提供物质保障,发展是硬道理,是党执政兴国的第一要务。同时,社会发展、人民生活水平提高是经济发展的目标,经济水平提高之后要注意经济和社会之间的平衡,否则,将引发一系列的社会矛盾,最终反过来影响经济建设。经济总量的增加并不代表社会的天然和谐,经济发展带来社会贫富差距,城乡、地区、行业之间的收入差距仍在扩大;社会保障体系还不完善,有些地方教育水平不高,医疗制度落后,"上学难、看病贵"等问题依旧存在;就业压力仍然较大;等等。这就要求在发展经济的同时投入更多的精力和资源做好教育、就业、社会保障、医疗和公共卫生、环境保护等工作,处理好经济增长和收入分配的关系,不断完善社会保障、收入分配、公共教育和财政转移支付制度,坚持积极的就业政策,注重为农村和城镇低收入者提供更好的基本公共服务,解决人民最关心最直接最现实的利益问题,使就业、医疗、养老、食品安全、生态环境等问题得到协调解决,人民获得美好生活,提升幸福感、获得感、满意度。

(三)新"四化"同步推进

从社会工程视角立足全局、着眼长远,不难发现,与近年来快速发展的工业化、信息化、城镇化相比,农业成为产业发展中薄弱的环节,农业现代化滞后的问题仍然突出。把农业现代化与工业化、信息化、城镇化结合起来,突出现阶段农业现代发展的优先性,突出工业化、信息化、城镇化发展对农业现代化发展的支撑和反哺作用已经成为当务之急。当前强调协调发展,就是要发挥工业反哺农业、城市支持农村的作用,形成全面协调的发展格局。如果农业发展跟不上现代化发展的步伐,最终也会阻碍工业化、城镇化的步伐。信息化是时代发展的明显特征,信息化发展、高新技术引进、创新能力注入为工业发展和产业结构升级带来活力,也为城镇化和农业现代化带来生机。实现"新四化"同步,才能满足实现全面、协调、可持续发展的要求,才能实现社会生产力的跨越式发展。正如习近平总书记所指出的:"一定要看到,农业还是'四化同步'的短腿,农村还是全面建成小康社会的短板。中国要强,农业必须强;中国要美,农村必须美;中国要富,农民必须富。"①加强顶层设计,就要关注和牢牢把握协调处理好城市与农村关系、工业和农业关系、农业现代化和工业化、信息化、城镇化的关系,协同推进以人为核心的新型城镇化,让"五位一体"总布局在新型城镇化

---

① 中共中央宣传部:《习近平总书记系列重要讲话读本》,学习出版社、人民出版社2014年版,第68页。

中变成现实。

(四)精神生产和物质生产共同发展

习近平总书记指出:"只有物质文明建设和精神文明建设都搞好,国家物质力量和精神力量都增强,全国各族人民物质生活和精神生活都改善,中国特色社会主义事业才能顺利向前推进。"①而要达到这一目标,必须按照马克思全面生产理论的逻辑进路,让精神生产和物质生产都发展,而不能出现发展短板。精神文明失衡也是当前全面建成小康社会所迫切需要关注和解决的问题。在全面建成小康社会的决胜阶段,要进一步深化对"两种生产"协调发展极端重要性的认识,不断增强精神生产的政治自觉、思想自觉、实践自觉,两轮驱动、双翼共振,促进"硬实力"和"软实力"一起增强。坚持走中国特色社会主义文化发展道路,弘扬社会主义先进文化,推动文化大发展大繁荣,建设社会主义文化强国。一是用"中国梦"来凝聚共识,汇聚力量。坚持中国道路、弘扬中国精神、凝聚中国力量,团结全国各族人民,同呼吸、共命运、心连心,为实现中华民族伟大复兴的中国梦而不懈奋斗。二是用弘扬中华民族优秀传统文化滋养核心价值观。中华传统文化是我们民族的"根"和"魂",是我们的精神命脉。坚持传承和弘扬中华传统文化,实现创造性发展,引导人们树立和坚持正确的历史观、民族观、国家观和文化观,增强做中国人的骨气和底气,在文明交流,相互借鉴中汲取各种文明养分丰富和发展中华文化。三是用"阐释好中国特色"提高国家文化软实力。正如习近平总书记指出的"提高国家文化软实力,关系我国在世界文化格局中的定位,关系我国国际地位和国际影响力,关系'两个一百年'奋斗目标和中华民族伟大复兴中国梦

---

① 中共中央宣传部:《习近平总书记系列重要讲话读本》,学习出版社、人民出版社2014年版,第105页。

的实现"①。我们探索出了一条中国特色的社会主义道路,并被实践证明是成功的。对成功的经验进行提炼,总结和升华,要在国际交流和传播平台上宣传和阐释,展示中华文化的独特魅力,讲好中国故事、传播好中国声音、阐释好中国特色,努力提高国际话语权。

三、协调发展实现从理念到社会工程方法论转向

协调,是管全局、管长远的发展理念,因而是发展目标与发展途径的统一、发展要求和发展方式的统一、发展目的与发展方法的统一,也可以说是发展理念与发展方法论的统一。

作为具有方法论意义的发展理念,协调是置身于经济发展新常态逻辑框架下的社会工程思维,它不仅仅是一种发展理念,更是蕴含社会设计、社会反思、社会评价的方法论,成为我们引领和把握经济新常态的基本方式。在社会工程思维框架下,理论不仅来源于实践,而且其实现的程度也取决于实践需要的程度,离开了现实生产生活实践,既不会形成理论也不会实现理论;源于生产生活实践的理论并不是被动地反映现实,而是以其既"合乎目的"又"合乎规律"的思想理念对现实进行批判反思、规范矫正、理想引导,从而使现实趋向思想理念;引导现实的思想理念,必须是具有彻底性的思想理念,即抓住事物的根本——抓住了"人本身"的思想理念,这样的思想理论才能为群众所掌握,进而转变成物质力量,实现对世界的改变。

(一)协调:预设社会有机体应然框架

如果说"现在的社会不是坚实的结晶体,而是一个能够变化并且经常处于变化过程中的有机体"②,那么协调作为一种理论思维就必

---

① 中共中央宣传部:《习近平总书记系列重要讲话读本》,学习出版社、人民出版社2014年版,第102页。
② 《马克思恩格斯选集》第2卷,人民出版社1995年版,第102页。

然预设社会有机体发展的整体性、系统性和平衡性,实现系统内部各要素的有机构成。因为社会有机体是指由"社会体系的各个环节"、要素构成并"同时存在而又互相依存"的连续发展过程的有机整体,因而它是一个反映人类社会生活诸要素之间的全面性联系与有机性互动的整体性范畴。

第一,社会有机体是由诸多要素构成的,每个要素都从属于社会有机体整体。构成社会有机体最基本的要素是自然环境(进入人类社会的那部分)和人(介入社会关系的社会化的人),人在改造自然的同时,也改造着自身,并且形成人与人的相互关系。社会关系多层次、多向度地展开,从简单到复杂、从直接到间接、从局部到整体,形成有层次的严密的有机系统。

第二,社会有机体各要素之间是相互作用的。物质生活的生产方式制约着整个社会生活、政治生活和精神生活。物质生产是基础,生产力决定生产关系,生产关系反作用于生产力,经济基础和上层建筑也表现为决定作用和反作用的关系。

第三,社会有机体是一个动态发展的过程。生产力和生产关系之间的矛盾运动推动社会有机体不断变动和进步。实现社会有机体的协调发展,就要把各个要素置身于社会有机体总系统中进行分析,置身于与其他各要素的相互作用中进行分析,不能孤立开来。全面建成小康社会,要协调经济建设、政治建设、文化建设、社会建设和生态文明建设,实现经济社会协调发展,物质文明和精神文明协同推进,实现各要素之间的良性互动,不能片面只关注单个要素的发展,认识到部分是整体中的部分,部分只有在整体中才能得到更好的发展。

实际上"五位一体"总布局、"四个全面"战略布局、"五大发展理念"本身都是协调这种理论思维给予坚持和发展中国特色社会主义的理论预设和实践期待。

（二）协调:反思社会有机体实然矛盾

协调作为一种理论思维,具有强调的批判旨趣,是对不平衡、不协调、不可持续的反思与批判。在实现"两个一百年"奋斗目标的伟大进程中,协调必将发挥规范、矫正、反思功能,把解决问题的立足点着眼于人的生存状态和人的现实需要上。在社会有机体中,一方面,现实的人是从事实践活动的人,是社会历史的主体,只有通过实践,才能够确证、丰富和发展自己的社会历史主体性。在实践活动中改造自然界,形成生产关系、政治关系等多种关系。另一方面,现实的人是社会中的人,在实践的过程中形成了人与人的社会关系,个人在自己创造的有机体中进行社会活动。人类社会的一切关系都是由人的活动创造和抽象出来的。人类历史就是不断丰富人自己的规定性、生产人自己的全面性和发展人自己的自由个性的历史。社会有机体的发展与人的自由全面发展是相一致的,协调发展实践要始终坚持以人为本。认识到人民群众是历史的创造者,是社会发展的主体,协调各方面利益关系,要激发人民群众的创造力,最大限度地集中全国各族人民的智慧和力量,最广泛地动员和组织亿万群众投身中国特色社会主义伟大事业,发挥人民群众的自觉能动性,在创造中实现人的自由全面发展。同时,全面建成小康社会,实现中华民族伟大复兴的中国梦,就是要为人民群众创造美好的生活,始终把实现好、维护好、发展好最广大人民的根本利益作为党和国家一切工作的出发点和落脚点,尊重人民主体地位,保障人民各项权益,走共同富裕的道路,做到发展为了人民、发展依靠人民、发展成果由人民共享,为实现人的自由全面发展不断创造条件。

（三）协调:评价社会有机体运行态势

协调发展是发展标准。协调经济基础与上层建筑,生产力与生产关系,走生产发展、生活富裕、生态良好的文明发展道路;建设资源节约型、环境友好型社会,实现经济发展速度和质量效益相统一,经济发展与人口资源环境相协调,是对社会发展的要求,也是对社会发展的反思和评价标准。人类有意识地参与社会有机体必须要遵循客观规律,不能盲目地、任意地创造规律,而只能是认识和自觉地运用客观规律,从而推动社会有机体发展。一方面,人在处理与自然关系时,要尊重自然界的客观规律。人要进行自身的生产与再生产,表明社会有机体除了有横向的连续性,还有纵向的连续性,要使社会有机体保持和谐长久的运行状态,必须坚持可持续发展,正确处理人与自然关系,经济发展不能以牺牲下一代人的资源环境为代价,而是要为下一代人的发展创造更好的条件。另一方面,社会有机体的变化和发展也有其客观规律,人民群众能动地创造历史时,要尊重社会发展的客观规律,人民群众的历史选择才能实现。

推进经济社会发展,必须充分考虑资源和环境的承受能力,既重视经济增长指标,又重视环境资源指标;必须统筹考虑当前发展和未来发展,既积极满足人民群众现实的物质文化需要,又为子孙后代留下充足的发展条件和空间;必须把生态文明建设作为衡量经济发展的重要指标,走新型工业化道路,使人民在良好生态环境中生产生活,实现经济社会永续发展。

总之,我们要在马克思唯物史观指导下,在社会工程思维框架中全面深刻地理解和把握协调发展理念,不能就事论事,不能仅仅把协调理念理解为"经济"的概念,而应当在"五大发展理念"中、在从发展理念到方法论创新的转向中,把协调发展上升到哲学思维方式层面来把握,进而提高对"五大发展理念"的哲学自觉,坚定贯彻"五大发展理念"的自觉性和坚定性。

(原载于《中国特色社会主义研究》2016 年第 3 期)

协调发展理念"新"在哪里[*]

"十三五"开局之年深入学习习近平总书记系列重要讲话精神,有必要将新发展理念作为重中之重。在创新、协调、绿色、开放、共享的五大发展理念中,协调紧随创新之后,其中区域协调发展又是核心内容。与以往平衡、均衡概念相比,协调发展理念蕴涵着价值判断的重大调整,是我国区域发展理念的新飞跃,是中国特色社会主义理论的丰富和发展。

一、协调发展非传统均衡发展

发展理念是发展行动的先导,是发展思路、方向、着力点的集中体现。

习近平总书记多次谈及协调发展。在贵州调研时,他强调适应我国经济发展新常态,保持战略定力,加强调查研究,看清形势、适应趋势,发挥优势、破解瓶颈,统筹兼顾、协调联动,善于运用辩证思维谋划经济社会发展。在吉林长春召开部分省区党委主要负责同志座谈会时,他指出振兴东北老工业基地已到了滚石上山、爬坡过坎的关键阶段,国家要加大支持力度,东北地区要增强内生发展活力和动力,精准发力,扎实工作,加快老工业基地振兴发展。党的十八届五中全会明

———————

* 本文作者:王国平,中共上海市委党校常务副校长、教授。

确提出,坚持协调发展,重点促进城乡区域协调发展,促进经济社会协调发展。由此可见,在看待和引领中国发展的过程中,协调发展是一个至关重要的维度。

要理解协调发展,先要理解其内涵。从发展理念层面看,协调发展与均衡发展(或称平衡发展)是两个不同的范畴。均衡、平衡的要义在于数量的均等或缩小量的差距。英国经济学家哈罗德揭示了均衡增长现象:一种动态增长的稳定状态。哈罗德认为,当合适的储蓄率与合适的资本—产出率所决定的有保证的增长率与实际增长率相等时,经济就实现了均衡增长。简言之,均衡即均等。

协调发展的精髓在于非冲突性和对抗性,避免交流、互动的障碍,既包括量的均等,也不排斥非均衡的良性互动。因此,协调发展包含均衡与非均衡的有序、稳定状态。在区域发展战略选择上,它实质上告别了传统思维即追求平衡或均衡发展。这一新发展理念将更好地激活不同区域之所长,进而开辟中国区域发展新阶段新空间。

二、拿出更多力量助内地发展

新中国所走过的区域发展战略调控之路,实质上是从期盼或努力实现均衡发展,到逐步认同非均衡发展,进而追求协调发展的历程。

改革开放以前,一方面囿于思想观念的局限,另一方面得益于计划经济体制配置资源的便利性,区域发展战略明显具有期盼或努力实现均衡发展的特征。

产生于1840年鸦片战争之后的中国近代工业是在半封建、半殖民地条件下建立的,主要由三部分构成,即入侵者举办、晚清官商合办以及民族资本兴办的工业。到1949年,主要分布在东部沿海地区。在此背景下理解,新中国成立初期的156个重大项目其实是新中国区域经济发展的第一次均衡。严格来说,20世纪六七十年代区域经济结构的调控,依然是这一均衡战略的延续,可称为第二次均衡。当然,这次调整也有国际形势的判断因素,因而具有一定的被动强制性。

改革开放以后,我国区域经济发展第一次打破均衡,走向突破、跨越的战略实施阶段。邓小平同志成为此战略实施的第一决策人。党的十一届三中全会以后,邓小平同志根据国际形势和中国实际,提出让一部分人、一部分地区先富起来,先富带动后富的思想。南方谈话中也明确指出:"一部分地区有条件先发展起来,一部分地区发展得慢点,先发展起来的地区带动后发展的地区,最终达到共同富裕。"

这一突破、跨越战略,将发展重点定于东部沿海。战略实施先从广东、福建实行特殊经济政策开始,先后建立了5个经济特区,后又开放沿海14个城市,进而开发上海浦东,形成点、线、面逐步推进的对外开放格局。在这一重点开放政策的推动下,国内外资本、技术、人才等生产要素大规模向沿海地区集聚,带来了历史性的快速发展。20世纪末,西部大开发战略诞生,开启了追求协调发展的新阶段。这与当年邓小平同志预测中央政府协调地区发展的时间高度吻合。1988年,邓小平同志指出:"沿海地区要加快对外开放,使这个拥有两亿人口的广大地带较快地先发展起来,从而带动内地更好地发展,这是一个事关大局的问题。内地要顾全这个大局。反过来,发展到一定的时候,又要求沿海拿出更多力量来帮助内地发展,这也是个大局。那时沿海也要服从这个大局。"这里所说的"一定的时候"或"那时",是指何时呢?1992年南方谈话时,邓小平同志给出了答案:"可以设想,在本世纪末达到小康水平的时候,就要突出地提出和解决这个问题。"

西部大开发战略提出4年后,中央再次加大区域经济协调的力度,明确在科学发展观指引下,实施"五统筹"战略,以确保经济和社会全面、协调、可持续发展。直至如今,中央明确把协调作为指导"十三五"时期中国发展尤其是区域发展的一个重要理念。

三、追求区域间要素有效流动

梳理我国区域发展战略的演进脉络可以发现,协调发展战略的科学内涵或内在属性主要包括以下四个要点。

第一,尊重增长极效应,客观承认和保护合法、规范的量的扩大差距。既不将量的差距变化(如经济总量或人均 GDP 差距等)作为区域发展成就的唯一标志,也不会采取机械举措(包括杀鸡取卵等变形方式)限制地区的增长幅度。

第二,关注整体性的协调发展,凸显区域各自优势,追求区域间要素流动和有效互动,防止分裂和对抗。尤其是关注和重视可能会带来社会对抗的一些警戒线现象,如通货膨胀率,分为温和(或称低度,物价总水平为3%以下)、急剧(或称中度,物价总水平在3% – 10%)和恶性(10%以上),并依据情况的变化采取调控;失业率(超过5%至6%就难以承受);基尼系数(0.4%以下为社会可承受度)。尽管受经济、政治、文化环境的制约而不会照搬他国模式,但作为社会底线管理与调控的方法探索是可以借鉴的。

第三,政府调节的主要手段是税收政策和转移支付,关键在于维护全国范围内基本公共服务均等。基本公共服务均等化既做到保障性"托底",体现全国一盘棋,又尊重差异性收入以及与之适应的效率贡献。

第四,通过采用一系列战略性举措,如培养人才、扶持主体功能区、区域互助、扶贫等,促进落后地区发展。这是缩小区域发展差距的根本路径。

四、促进基本公共服务均等化

中国经济正在进入新常态,向区域与空间要发展动力成为发展新阶段中的一个特征。协调区域发展,将深远影响中国的发展潜力和前景。如何更好地实现区域协调发展,关键在于构筑三层递进的协调发展战略实施体系。

第一层次为基础性依托:区域内培育造血机制。在促进区域协调发展中,首先应解决扶贫问题,但实施扶贫的过程也存在如何促进发展、培育造血机制的战略布局。事实证明,即使极其贫困的地区都有可能培育促进产业发展的造血机制,如宁夏固原是地处六盘山区的特困核心区,但2014年多项经济指标增幅都居宁夏第一。对于广大经济相对落后的区域,培育造血机制,强有力地促进发展,形成主体功能区的战略意义重大,至少涉及明确功能、挖掘优势、拓展载体、培育人才等内容。

第二层次为增长极延展:区域间合作对接。对于增长极效应,应当放开而不是管住,鼓励、扶持而不是阻挡、抑制。这是协调发展所应包含之义。然而,这并不排除用各种非对抗式或可承受的途径,促进区域之间的合作,既做到资源互补,又使增长极效应延展开来,从而做到在合作中以增长极效益辐射形态带动协调发展。促进增长极效应延展的合作方式或体系至少有3种类型,即自愿式合作、引导式合作和对接式合作。

第三层次为全国统筹:国家范围内促进基本公共服务均等化。作为实现区域经济协调发展的国家战略或全国统筹的任务,重点是促进基本公共服务的均等化,明确的表述是"总体实现基本公共服务均等化"。这一进程中,中央政府站在全国层面,承担起实现基本公共服务均等化的责任,但并不排除社会组织公益服务和企业服务等资源的作用。事实上,只有政府、市场和社会三大服务有机结合,才能更有效地推动公共服务水平的持续提升。不过,就基本公共服务均等化而言,重点是依赖中央政府引领、管控,地方政府积极参与。

(原载于《解放日报》2016年5月10日)

协调发展理念的理论和实践意义 *

　　党的十八届五中全会明确提出"协调发展理念",作为指导我国"十三五"时期发展的重大理念之一,其理论和实践意义都十分重大。

　　早在20世纪50年代,毛泽东同志在其著名的《论十大关系》一文中,以苏联的经验为鉴戒,总结了我国社会主义建设中的经验,提出了调动一切积极性为社会主义事业服务的基本方针,对适合我国国情的社会主义建设道路进行了初步探索,这是我党在新中国成立初期对我国经济社会协调发展理论的初步概括和总结。改革开放以后,邓小平同志在从发展全局的高度,先后提出了关于物质文明和精神文明协调发展、区域协调发展、先富带共富的协调发展、人与自然和谐发展的思想。1995年9月,党的十四届五中全会上,江泽民同志总结概括了正确处理社会主义现代化建设十二个重大关系。2003年7月,胡锦涛同志提出坚持以人为本,树立全面、协调、可持续的发展观。十八大以来,以习近平同志为核心的党中央,着眼于解决社会主义现代化历史进程中的经济、社会协调发展的问题,做出了"四个全面"的战略部署,十八届五中全会又明确提出协调发展的理念,这不仅是对我们党关于社会主义建设的经济社会协调发展一系列思想的传承,更是与时俱进的理论创新,它标志着中国特色社会主义建设的经济社会协调发展理

　　* 本文作者:刘伟民,黑龙江省社会科学院。

论形成。

唯物辩证法要求我们必须从客观事物的内在联系去把握事物,去认识问题,去处理问题。城乡联系、区域联系、经济与社会的联系、人与自然的联系、国内发展与对外开放的联系,都是客观存在的。如果我们违背联系的普遍性和客观性,不注意协调好它们之间的关系,就会顾此失彼,导致发展失衡。所以,在全面建设小康社会的历史进程中,我们要充分认识到,经济发展与政治、文化、社会建设必须协调共进,必须牢牢把握中国特色社会主义事业"五位一体"的总体布局,坚持协调发展,正确处理发展中的重大关系。

以协调理念促进平衡发展具有鲜明的时代特征。十八届五中全会提出要重点推动区域协调发展、城乡协调发展、物质文明和精神文明协调发展,以及推动经济建设和国防建设融合发展等四个方面。这"四个协调"的提出,一方面是针对我国当前经济社会发展中面临的突出矛盾或问题;另一方面是针对我国未来发展面临的新形势、新挑战。如果我们把全面建成小康社会中的"小康"视为发展水平,那么"全面"讲的是发展平衡性、协调性、可持续性,因而,我国"实现全面建成小康社会"的目标必然要求强化发展的协调性。改革开放30多年来,我们取得了辉煌的成就,同时也出现了"成长的烦恼"。当前,我国经济社会发展面临较为突出矛盾和问题,不仅制约着我国经济持续发展,而且严重制约了我国"实现全面建成小康社会"的发展目标。全面建成小康,重在"全面",体现的就是发展的平衡性、协调性、可持续性。全面建成小康社会,必须瞄准薄弱环节和滞后领域,加快把"短板"补上,树立并落实协调理念,促进发展平衡、增强发展后劲,在增强发展整体性、协调性中拓展发展空间。

"十三五"时期,我省经济社会发展面临着结构、体制、资源等诸多协调发展的瓶颈。应该说,在实施东北老工业基地振兴战略以来,经济社会步伐不断加快,经济实力不断提高,但在其振兴的道路上仍然存在很多问题。仅就实现全面建成小康社会的发展目标而言,城乡发展不协调就是其中较为突出的问题。城乡发展的不协调,使得城乡之间的收入水平、消费水平和城镇化程度、工业化程度以及其他许多方面差距十分明显。这种二元结构严重影响了各生产要素在城乡之间自由流动,制约了经济社会发展平衡性。所以,解决好城乡发展不协调的问题,建立城乡发展一体化的新格局,应该成为我省谋划"十三五"经济社会发展,与全国同步实现小康社会建设目标的重要课题。

　　"纸上得来终觉浅,绝知此事要躬行"。我们不否认学习、借鉴西方的必要性和重要性,但问题是不能"喧宾夺主"和"邯郸学步"。这应该是我们在"十三五"时期深入研究协调发展理念、探索城乡协调发展最重要的精神觉悟之一。

(原载于《黑龙江日报》2015 年 11 月 11 日)

协调发展理念与"十三五"城乡建设[*]

协调发展理念与"十三五"城乡建设*

五中全会公报提出"创新、协调、绿色、开放、共享"五大发展理念，为未来五年全面深化改革、实现第一个百年目标提供了顶层设计。"协调发展"事关"中国特色社会主义事业总体布局"，也是在"全面建成小康社会决胜阶段"必须解除的"后顾之忧"。在诸多需要协调的矛盾和关系中，作为"老大难"的城乡问题首当其冲。如何在"十三五"时期的城乡建设中贯彻落实协调发展理念，有两个基本问题需要充分关注、思考和探讨。

首先要了解基本情况和主要问题。从空间规模和层级看，目前城乡规划建设的主要单元可分为七类：一是城市群，大约有30个，其中包括7大国家级城市群；二是城区常住人口在1000万以上的超大城市，依次是重庆、上海、北京；三是城区常住人口在500万以上的9个特大城市，天津、沈阳、郑州、南京、武汉、广州、汕头、成都、西安；四是290个地级建制城市；五是1903个县级建制城市；六是41636个乡镇级建制单位；七是58.9万个设村委会的农村。从现状和战略布局看，经济发达、城市基础设施优良、公共服务资源密集的大都市，已成为区域经济发展的战略支点和社会文化建设的主平台。而处于层级体系

---

* 本文作者：刘士林，上海交通大学城市科学研究院院长、首席专家，光明日报城乡调查研究中心副主任。

底部、作为"乡愁"载体的农村则明显属于"弱势"群体,从 2000 年以来差不多每天要消失 100 个。这表明,我国城乡面临的主要矛盾和问题是不协调和不均衡。以此为对象,才能发现真问题,提出管用的好方法,形成系统解决方案。

其次是用什么理论和方法的问题。在经济全球化的背景下研究中国城乡发展,和古人在相对封闭有限的空间中读书求知有很大不同,由于我们在生产生活中获得的感觉、经验、数据、材料和案例只是"一大堆"素材,用什么方法去观察,用什么理论去分析,用什么标准去评价,往往会得出很不相同的结论。在城乡建设及相关领域,我们引进了大量的西方理论、方法和标准,对它们比较客观的评价可以称为"毁誉参半"。它们的"功"在于极大地促进了现代中华民族的思想解放、观念变革和现代化,而其"过"则在于由此形成了对西方的理论依赖、方法依赖和价值依赖。如城乡规划中普遍存在的"千城一面"和"去中国化",就和西方这个中国现代化进程中最大的"外脑"密切相关。其主要问题,一是对中国"了解窄",二是"了解浅"。以城市为例,它们一般比较了解"北上广",主要是通过文献和媒体,而对广大的中西部地区了解非常有限。二是比较了解中国现代一百年,而对几千年来形成、积淀深厚、结构复杂的中国社会土壤所知不多。这是很多西方理论在西方讲得通行得通,但在中国实践中往往变形、变质、适得其反的根源。比如交通治理、垃圾分类等,在西方城市很成功的经验、技术和机制,被引进来以后,不是无法落地,就是很快"故态复萌"。

"纸上得来终觉浅,绝知此事要躬行"。我们不否认学习、借鉴西方的必要性和重要性,但问题是不能"喧宾夺主"和"邯郸学步"。这应该是我们在"十三五"时期深入研究协调发展理念、探索城乡协调发展最重要的精神觉悟之一。说到底,只有中国人自己最了解自己的历史和现实条件,最关心自己民族的命运和未来,在寻找自己的模式和道路时也会最用心和用力。这是我们要更多地关注正在承受着各种"城市病"折磨,同时也在努力加快经济发展方式转型、社会治理体系建设和文化创新体系建设的中国城镇的主要原因。

（原载于《中国建设信息化》2016 年第 2 期）

协调是持续健康发展的内在要求[*]

　　党的十八届五中全会审议通过的《中共中央关于制定国民经济和社会发展第十三个五年规划的建议》(以下简称《建议》)提出了创新、协调、绿色、开放、共享的发展理念。五大发展理念是《建议》的精髓和主线，它的提出是我国发展理念的又一次重大理论创新。五大发展理念是一个统一的整体，相辅相成，同时又各有目标指向和本质要求，反映出我们党对我国发展规律的新认识。其中，协调是持续健康发展的内在要求，增强协调性才能使我国发展行稳致远。《建议》提出："必须牢牢把握中国特色社会主义事业总体布局，正确处理发展中的重大关系，重点促进城乡区域协调发展，促进经济社会协调发展，促进新型工业化、信息化、城镇化、农业现代化同步发展，在增强国家硬实力的同时注重提升国家软实力，不断增强发展整体性。"协调发展理念充分体现了我们党在经济新常态下推进经济社会发展的新思路，对于我们正确认识和处理经济社会发展中的各种关系，增强经济社会发展的平衡性、协调性和可持续性，实现全面建成小康社会的奋斗目标，具有重大理论和现实意义。

---

　　* 本文作者：吴小妮，烟台大学马克思主义学院；王炳林，教育部社科中心。

一、协调发展是时代的迫切要求

协调发展是全面建成小康社会的内在要求。2020 年全面建成小康社会,是实现社会主义现代化和中华民族伟大复兴中国梦的阶段性战略目标。所谓全面建成小康,覆盖的领域要全面,是经济、政治、文化、社会、生态文明建设五位一体全面发展的小康;覆盖的群体要全面,是惠及全体人民的小康;覆盖的区域要全面,是东西南北中共同享有的小康。全面建成小康社会,既强调"小康"水平,也要突出"全面"覆盖。"小康"讲的是发展水平,"全面"讲的是发展平衡性、协调性、公平性、可持续性。改革开放 30 多年来,我国经济快速增长,综合国力显著增强,人民生活水平明显提高,我国已经成为世界第二大经济体。但是,我们也要清醒地看到,我国发展不平衡、不协调、不可持续的问题仍然突出,主要表现在:经济发展与社会发展不协调,医疗、教育、文化等社会事业发展相对滞后,"看病难""看病贵""上学难"和"养老难"等问题,依然没有得到根本解决;城乡区域发展不平衡,贫困地区和贫困人口依然存在着,社会收入分配差距在拉大;经济发展与环境保护不协调,一些地方简单追求 GDP;产业结构内部比例不协调,不少行业产能过剩问题严重;经济发展与精神文明建设不协调,人们的文明素质和社会文明程度有待提高,等等。不协调就是一种不和谐,如果到 2020 年我们在总量和速度上完成了任务,短板问题解决不了,也不可能是真正的全面小康社会。经验表明,如果只盯着 GDP 的起伏涨落,忽视社会全面进步和人民群众的幸福感、获得感,就会透支社会发展潜力,"木桶"效应就会愈加显现。目前我国正处于跨越"中等收入陷阱"的艰难爬坡期,世界上真正顺利进入高收入国家行列的例子并不多。据统计,第二次世界大战后在 100 多个实现中等收入的经济体中成功迈入高收入门槛的仅 13 个,大多数国家陷入"中等收入陷阱",社会动荡,经济持续低迷。"行百里者半于九十",越是临近成功的最后一步,越要做到统筹兼顾,注重解决发展不平衡、不协调、不公平、可持续问题,做好补齐短板这篇大文章。

协调发展是适应经济发展新常态的必然选择。当前,我国经济发展进入新常态,表现出速度变化、结构优化、动力转换三大特点。增长速度从高速转向中高速,发展方式从规模速度型转向质量效率型,增长结构从增量扩能为主转向调整存量、做优增量并举,发展动力从主要依靠资源和低成本劳动力等要素投入转向创新驱动。新常态下出现"三期"叠加,即经济发展速度的转档期、结构调整的阵痛期和前期政策消化风险期同时出现。面对新变化,我们必须有新的战略方针和新举措来应对。纵观世界经济发展历程,追赶型经济体大多是由不平衡到平衡,再到新的不平衡和新的平衡。每一次平衡都会使经济发展的结构、质量、规模提升到一个新的层次,继而又打破现有的平衡结构,在更高层面上实现再一次平衡。当前,中国经济正在向形态更高级、分工更复杂、结构更合理的阶段演化。在这关键的发展时期,更加凸显协调发展的重大意义,坚持协调发展是关系我国发展全局的一场深刻变革。

协调发展来自于历史经验和教训的深刻启示。新中国成立60多年来,我们党在各个时期一直高度重视研究一些重大关系。新中国成立初期,毛泽东就提出了统筹兼顾的方针,后来又专门论述了"十大关系"。邓小平曾强调指出:"现代化建设的任务是多方面的,各个方面需要综合平衡,不能单打一",①并对物质文明与精神文明、效率与公平、经济发展与环境保护等多组关系都做了论述。1995年,江泽民在《正确处理社会主义现代化建设中的若干重大关系》讲话中,概括了我国现代化发展的十二大关系,深入诠释了产业与产业之间、区域与区域之间、所有制与所有制之间的一系列对立统一关系。党的十六大以

———

① 《邓小平文选》第2卷,人民出版社1994年版,第250页。

来提出和坚持"科学发展观",坚持全面协调可持续发展,这都体现了我们党在推动协调发展上的成果和结晶。每一次协调发展理念的创新和发展,既源于实践的不断发展和变化,也推动实践不断向前发展。当然,前进道路上也出现过失误,"大跃进"中片面追求高速度、高指标,"以粮为纲""以钢为纲",造成国民经济比例严重失调。"文化大革命"时期,通过政治斗争促进经济发展,工农业生产发展的正常秩序被打乱,严重阻碍了经济发展。改革开放以来一些地方也存在着片面追求 GDP 所带来的严重后果。汲取历史的经验教训,我们应切实把调整比例、补齐短板、优化结构作为一项重要任务,在协调发展中拓宽发展空间,在加强薄弱领域中增强发展后劲。

二、协调发展理念的内涵与特征

《建议》指出:"增强发展协调性,必须坚持区域协同、城乡一体、物质文明精神文明并重、经济建设国防建设融合,在协调发展中拓宽发展空间,在加强薄弱领域中增强发展后劲。"也就是说,坚持协调发展主要是坚持"四个推动":一是推动区域协调发展,就是要塑造要素有序自由流动、主体功能约束有效、基本公共服务均等、资源环境可承载的区域协调发展新格局;二是推动城乡协调发展,就是要坚持工业反哺农业、城市支持农村,健全城乡发展一体化体制机制,推进城乡要素平等交换、合理配置和基本公共服务均等化;三是推动物质文明和精神文明协调发展,就是要坚持"两手抓、两手都要硬",坚持社会主义先进文化前进方向,坚持以人民为中心的工作导向,坚持把社会效益放在首位、社会效益和经济效益相统一,坚定文化自信,增强文化自觉,加快文化改革发展,加强社会主义精神文明建设,建设社会主义文化强国;四是推动经济建设和国防建设融合发展,就是要坚持发展和安全兼顾、富国和强军统一,实施军民融合发展战略,形成全要素、多领域、高效益的军民深度融合发展格局。

协调发展理念体现了我国经济社会发展的方向和着力点,其特征是鲜明的。

一是坚持人民至上。任何理论都有自己的价值立场。中国共产党作为马克思主义政党,其根本宗旨是全心全意为人民服务,其价值立场也必然是全心全意为人民服务。习近平总书记指出:"中国梦归根到底是人民的梦,必须紧紧依靠人民来实现,必须不断为人民造福。"协调发展理念集中体现了中国共产党人以人为本的执政理念、思想感情和价值追求。促进城乡区域协调发展,促进经济社会协调发展是为了缩小城乡差距,使人民共享发展成果;物质文明精神文明并重是为了提升人们的精神境界,满足人民日益增长的文化需求;经济建设国防建设协调发展是为了保障经济建设的成果,使人民群众安居乐业,马克思曾经说过,军人"虽然不生产谷物",却能"生产保卫"。总而言之,协调发展出发点和落脚点都是为了人民群众。

二是反映时代精神。任何科学理论都是时代特征的一种反映。当今时代新的阶段性特征是,经过改革开放 30 多年的发展,我国进入全面建成小康社会的关键阶段。与此同时,世情也出现了新变化,世界经济进入中低速调整增长区间,外部环境不稳定不确定因素增多。协调发展理念正是根据国情和世情的深刻变化提出来的。明确"全面""协调"的总要求,强调"协同""一体""并重"和"融合",提出"引领经济新常态""培育若干带动区域协同发展的增长极"等,都具有强烈的现实针对性和时代特色。在继续实施西部开发、东北振兴、中部崛起、东部率先的区域发展总体战略的同时,重点实施"一带一路"、京津冀协同发展、长江经济带三大战略,都具有鲜明的时代特色。习近平指出:"我们党现阶段提出和实施的理论和路线方针政策,之所以正确,就是因为它们都是以我国现时代的社会存在为基础的。"①

三是体现辩证思维。协调发展理念是全面规划和突出重点的协调。解决面临的矛盾和问题,如果仅仅从单个领域、单个层次上推进肯定难以奏效,必须强调全面性和系统性。协调发展理念坚持全面而不是片面地观察和处理问题的观点,既解决经济方面的问题,也解决社会方面的问题;既解决物质文明的问题,也解决精神文明的问题;既解决经济发展问题,也解决国防发展的问题,力求全面统筹可兼顾。强调全面性同时又突出重点,补齐"短板"。党的十八届五中全会既着眼于"五位一体"总体布局的协调发展理念,全面推进经济建设、政治建设、文化建设、社会建设、生态文明建设、对外开放、国防建设和党的建设,又突出薄弱环节和滞后领域,从四个重点领域对协调发展做出了战略布局,而每个领域都提出可行思路和务实举措,注意处理好全面规划和牵"牛鼻子"的关系,体现了两点论和重点论的统一。

三、以协调发展理念指导新实践

理论的意义在于指导实践。习近平指出:"我们中国共产党人干革命、搞建设、抓改革,从来都是为了解决中国的现实问题。"②协调发展理念来源于实践探索,是以习近平为总书记的党中央对我国新的发展阶段性特征的深谋远虑和发展规律的深刻把握的基础上,与时俱进、不断探索的理论结晶。它以问题为导向,聚焦突出问题和明显短板,回应人民群众诉求和期盼,具有强烈的问题意识和现实针对性,对于把握战略重点,解决突出问题具有重要指导意义。当前我国发展存在许多短板。越是短板,越具有后发优势;越在薄弱环节上多用力,越

---

① 《推动全党学习和掌握历史唯物主义更好认识规律更加能动地推进工作》,《人民日报》2013 年 12 月 5 日。

② 习近平:《改革是由问题倒逼而产生》,《新京报》2013 年 11 月 14 日。

能起到"四两拨千斤"的良好效果。"十三五"规划作为全面建成小康社会的收官规划,必须紧紧扭住全面建成小康社会存在的短板,在补齐短板上下功夫。

首先,解决好底线发展问题,即扶贫问题。减贫特别是农村贫困人口脱贫,是全面建成小康社会、实现共享发展的突出短板和难题,是全面建成小康社会最艰巨的任务。我国现行脱贫标准是农民年人均纯收入按 2010 年不变价计算为 2300 元,2014 年现价脱贫标准为 2800元。按照这个标准,2014 年末全国还有 7017 万农村贫困人口。这些人口主要集中在 14 个集中连片特困地区,592 个国家扶贫开发重点县。"小康不小康、关键看老乡。"习近平在十八届五中全会上指出:"我们不能一边宣布全面建成了小康社会,另一边还有几千万人口的生活水平处在扶贫标准线以下,这既影响人民群众对全面建成小康社会的满意度,也影响国际社会对我国全面建成小康社会的认可度。"贫困问题涉及城乡两大贫困群体,这既关系城乡协调发展、区域协调发展也关系到公平与效率问题。因此,扶贫问题已成"花的精力最多"①的事情。习近平强调:"扶贫开发贵在精准,重在精准,成败之举在于精准。各地都要在扶持对象精准、项目安排精准、资金使用精准、措施到户精准、因村派人(第一书记)精准、脱贫成效精准上想办法、出实招、见真效。"《建议》提出要实施脱贫攻坚工程,扩大贫困地区基础设施覆盖面,提高贫困地区基础教育质量和医疗服务水平,"分类扶持贫困家庭,有劳动能力的支持发展特色产业和转移就业,对'一方水土养不起一方人'的实施扶贫搬迁,对生态特别重要和脆弱的实行生态保护扶贫,对丧失劳动能力的实施兜底性保障政策,对因病致贫的提供医疗救助保障。实行低保政策和扶贫政策衔接,对贫困人口应保尽保。"《建议》还提出:"实行脱贫工作责任制,进一步完善中央统筹、省

---

① 习近平:《携手消除贫困促进共同发展》,《人民日报》2015 年 10 月 17 日。

（自治区、直辖市）负总责、市（地）县抓落实的工作机制。强化脱贫工作责任考核，对贫困县重点考核脱贫成效。"

其次，大力发展民生社会事业。民生问题即人民的生计与生活问题，中国自古以来就将"民生"与"国计"相提并论。民生连着民心，民心关系国运，解决民生问题是最大的政治。改革开放以来，我国民生状况得到了不断改善。城乡居民收入持续稳步增长、世界上最大的社会保险体系初步建构，医疗保障覆盖人口逐步扩大，人民群众健康水平显著提高，教育改革不断向前推进，人民群众的幸福指数不断提高。但民生事业仍然是发展的薄弱环节，民生问题社会关注面广，一旦出问题，很容易引起公众恐慌和不满，因此经济再发展、社会再进步，如果民生得不到有效保障和改善，群众就难以获得幸福感，惠及全体人民的全面小康社会就无法建成。十八届五中全会上，习近平明确指出："社会事业发展、生态环境保护、民生保障等方面也存在着一些明显的短板。"弥补短板，改善民生，就必须实现经济发展和民生改善良性循环。这就要求党和政府，花大力气监管好民生大事。《建议》指出："增加公共服务供给。坚持普惠性、保基本、均等化、可持续方向，从解决人民最关心最直接最现实的利益问题入手，增强政府职责，提高公共服务共建能力和共享水平。""加强义务教育、就业服务、社会保障、基本医疗和公共卫生、公共文化、环境保护等基本公共服务，努力实现全覆盖"。

再次，加强社会主义精神文明建设。文明是社会进步的重要标志。物质文明和精神文明都搞好，国家物质力量和精神力量都增强，人民物质生活和精神生活都改善，既是全面建成小康社会的基本内容，也是全面建成小康社会和实现民族复兴中国梦的重要支柱。我们所要建成的全面小康社会，不仅是物质生活水平富足，而且是精神文化生活丰富。这些年来，人们的精神文化需求日益旺盛，多样化、差异化特征日益明显。在物质财富快速增长的同时，物质消费主义、个人享乐主义等思想影响着一些干部群众的精神境界,一些党员干部理想信念动摇迷失,一些领域道德失范、诚信缺失比较严重。习近平指出:"物质文明与精神文明要协调发展。物质文明的发展会对精神文明的发展提出更高要求,尤其是经济的多元化会带来文化生活的多样化,只有把精神文明建设好,才能满足人民群众多样化的精神文化生活需求。"当前,全面建成小康社会已进入决胜阶段,我们必须更加坚定、更加自觉地推动"两个文明"协调发展。加强社会主义精神文明建设,一是要用社会主义核心价值观凝聚共识,提升全民族的精气神,塑造全社会的道德风貌;二是要加强社会主义文化事业建设,满足人民群众的文化需求,同时还要深化各类群众性精神文明创建活动,树立文明新风,努力实现"文化小康"。

邓小平曾指出"发展起来以后的问题不比不发展少"。站在的历史新起点上,无论是在城乡、区域协调发展上,还是在物质文明和精神文明协调发展上,仍有长路要走,有险坡要爬。只有坚持协发展,瞄准薄弱环节和滞后领域,加快把"短板"补上,才能如期实现全面建成小康社会的战略目标。

（原载于《思想政府教育导划》2016 年第 1 期）

协调发展的伦理意蕴[*]

党的十八届五中全会文件明确指出,我国"十三五"乃至更长时期必须牢固树立并切实贯彻创新、协调、绿色、开放、共享的五大发展理念。这是我国新时期具有里程碑式的新的发展理念。五大发展理念构成了当今我国经济社会的整体战略发展观,在这五大发展理念中,每一发展理念都有其独特的内涵和作用,缺一不可,否则就会造成发展中的"短板"。其中,协调发展是我国高效发展、快速发展的重要手段和模式。

协调发展,就是要坚持统筹兼顾、综合平衡、缩小差距,推动区域协调发展,推动城乡协调发展,推动经济社会协调发展,推动物质文明和精神文明协调发展,推动经济建设和国防建设融合发展等,促进我国社会主义建设之"五位一体"全面推进,整体发展。

实现协调发展是一项庞大而艰巨的系统工程,展开这项系统的协调发展工程,其本身就有许多路径、手段乃至思想观念等需要协调和完善,不能也不应该有"短板"出现,尤其不能忽视实现协调发展中的深刻的伦理意蕴和道德诉求。

---

[*] 本文作者:王小锡,南京师范大学教授,哲学博士,博士生导师。

一、协调发展必须坚持国家利益、整体利益和人民利益至上

协调发展首要的是国家利益的保护和实现，一个国家富强了，才有人民的幸福和有希望的未来。"历史告诉我们，每个人的前途命运都与国家和民族的前途命运紧密相连。国家好，民族好，大家才会好"①。历史的经验还告诉我们，国家不强盛，国家利益不能得到保护和发展，其他所谓民族的利益、人民的利益等都将是空谈，甚至将招致邪恶势力的侵犯和危害，吃亏、受罪的是广大人民群众。因此，国家利益的保护和实现是协调发展、人民幸福的根本性目的，不可动摇。

同时，协调发展是为了我国各地区、各民族、各群体的利益的整体发展，协调发展的意味和目标就在这里。就我国目前发展状况来说，东西部等区域发展不平衡，城乡发展不平衡，物质文明和精神文明发展不平衡等，由此，在整体发展出现"短板"且协调发展滞后的情况下，贫富差距将会逐步拉大，"中等收入陷阱"将会不期而至，因此，平衡发展、同步发展是协调发展的基本路径和手段。事实上，全面建成小康社会是我国实现整体发展的重要标志，而"全面建成小康社会，最艰巨最繁重的任务在农村、特别是在贫困地区。没有农村的小康，特别是没有贫困地区的小康，就没有全面建成小康社会"②。同样，如果区域间发展速度不一，甚至发展落差明显，那必将影响国家整体实力，影响全面建成小康社会。所以，协调发展即为整体发展、全面的发展。

协调发展说到底就是以人民为中心、为了人民的发展。"全心全意为人民服务，是我们党一切行动的根本出发点和落脚点，是我们党区别于其他一切政党的根本标志。党的一切工作，必须以最广大人民根本利益为最高标准。检验我们一切工作的成效，最终都要看人民是

---

① 《习近平谈治国理政》，外文出版社 2014 年出版，第 36 页。
② 《习近平谈治国理政》，外文出版社 2014 年出版，第 189 页。

否真正得到实惠。面对人民过上更好生活的新期待,我们不能有丝毫自满和懈怠,必须再接再厉,使发展成果更多更公平惠及全体人民,朝着共同富裕方向稳步前进"①。然而,实现共同富裕,让全体人民得实惠,要以缩小地区差别、贫富差别、脑力劳动和体力劳动差别等为前提,这在根本上取决于协调发展。同时,关键还在于协调利益,应该"坚持社会主义基本经济制度和分配制度,调整收入分配格局,完善以税收、社会保障、转移支付等为主要手段的再分配调节机制,维护社会公平正义,解决好收入差距问题",使发展成果真正惠及全体人民②。唯此,协调发展的意义和价值才能充分体现。

其实,国家利益、整体利益和人民利益至上原则作为协调发展的价值取向和重要依据,三者是本质一致、缺一不可的统一整体。国家利益要建立在整体利益和人民利益发展与获得的基础上,同时又引导和保证整体利益和人民利益的实现;整体利益在一定意义上就是国家利益和人民利益,强调的是国家利益和人民利益是全面、均衡、协调发展的利益;人民利益是国家利益和整体利益的体现和基石。所以,国家利益、整体利益和人民利益是协调发展的价值目标和原则。

二、共富共享仰仗仁爱互助

我国经济社会发展的地区差异和人民生活的贫富差别是客观现实,协调发展就是要缩小"差异"和"差别",真正实现共同富裕。"差异"和"差别"的缩小要坚持社会主义国家道德,发扬仁爱精神,充分利用我国社会主义制度的优越性,利用发达地区的优势和优质资源援助欠发达或不发达地区的经济社会建设,扶持贫困地区的生产和生

---

① 《习近平谈治国理政》,外文出版社 2014 年出版,第 28 页。
② 《习近平总书记系列重要讲话读本》,学习出版社、人民出版社 2016 年出版,第130 页。

活。长期以来,我国采取的"援藏""援疆""扶贫"、支持革命老区等政策和举措取得了举世瞩目的辉煌成就,促进了西部的大开发、东北老工业基地的振兴、中部地区的崛起、贫困地区的逐步致富等,为国家的整体发展、快速发展创造了机遇和条件。国家还将采取一系列的援助、扶贫举措,切实解决落后地区的发展问题和贫困对象的温饱问题,真正实现平衡发展和共富、共享。这是体现爱祖国、爱人民、爱社会主义之"大爱"精神的国家道德的集中展示。

"差异"和"差别"的存在,客观上影响甚至阻碍发达地区的可能的更好的发展,而国家援助、扶贫战略的实施,则会出现互利互赢、共富共享的崭新局面。援助、扶贫战略,一方面加强了发达地区责任感和使命感,促进了发达地区的发展观的进一步提升和完善,同时也促进了发达地区资源的更具社会主义德性意味的利用和投入。另一方面,由于我国的援助、扶贫更注重援志、扶志和技术与理念的培育,因此,欠发达或不发达地区或贫困地区,他们在与发达和富裕地区不断缩小发展差距的同时,"内生动力"有了进一步的增强,人力资源的总体品质也在不断加强,对自然资源的认识、改造和利用的水准也在全面提高。诸如他们在自力更生、艰苦奋斗精神的感召下,"宜农则农、宜林则林、宜牧则牧、宜开发生态旅游则搞生态旅游"①,真正发挥自身比较好的资源优势。欠发达或不发达地区或贫困地区发展了,客观上又将影响发达和富裕地区的发展理念的进一步科学化。既实现了发达与不发达、贫困与富裕差距的不断缩小,又实现了物质文明和精神文明的协调发展,这是现时代社会主义仁爱精神和国家援助、扶贫战略所产生辉煌成就的真实写照。

---

① 《习近平在河北省阜平县考察扶贫开发工作时的讲话(二〇一二年十二月二十九日、三十日)》,共产党员网,2016 年 11 月 2 日。

三、平衡发展应该保障公平正义

协调发展在一定意义上就是平衡发展。社会主义的实践已经充分说明,唯有公平正义才能推动平衡发展。"公平正义是中国特色社会主义的内在要求,所以必须在全体人民共同奋斗、经济社会发展的基础上,加紧建设对保障社会公平正义具有重大作用的制度,逐步建立社会公平保障体系"①,唯此才能让广大人民群众看到发展的实惠,才能充分调动广大人民群众的积极性,平衡发展才有现实基础。但是,"在我国现有发展水平上,社会上还存在大量有违公平正义的现象。特别是随着我国经济社会发展水平和人民生活水平不断提高,人民群众的公平意识、民主意识、权利意识不断增强,对社会不公问题反映越来越强烈"②,因此,"必须着眼创造更加公平正义的社会环境,不断克服各种有违公平正义的现象,使改革发展成果更多更公平惠及全体人民"③。这既是平衡发展的经济道德、政治道德和社会道德要求,更是平衡发展的精神动力。

坚持公平正义促平衡发展,其一,应该在发挥我国社会主义制度优越性,发挥党和政府的积极作用的同时,简政放权,让市场在资源配置中起决定作用,"减少政府对资源的直接配置,减少政府对微观经济活动的直接干预,加快建设统一开放、竞争有序的市场体系,建立公平透明的市场规则,把市场机制能有效调节的经济活动交给市场,把政府不该管的事交给市场,让市场在所有能发挥作用的领域都充分发挥作用,推动资源配置实现效益最大化和效率最优化,让企业和个人有更多活力和更大空间去发展经济、创造财富"④。其二,应该在坚持公

---

① 《习近平谈治国理政》,外文出版社 2014 年出版,第 13 页。
② 《习近平谈治国理政》,外文出版社 2014 年出版,第 95 页。
③ 《习近平谈治国理政》,外文出版社 2014 年出版,第 96 页。
④ 《习近平谈治国理政》,外文出版社 2014 年出版,第 117 页。

平正义的基础上,不断增进人民福祉,协调和减少各种矛盾,和谐一致促发展。"要增强发展的全面性、协作性、可持续性,加强保障和改善民生工作,从源头上预防和减少社会矛盾的产生。要以促进社会公平正义、增进人民福祉为出发点和落脚点,加大协调各方面利益关系的力度,推动发展成果更多更公平惠及全体人民"①。唯此才能调动各方积极性,步调一致地去谋发展,促发展。历史的经验教训也已经充分说明,没有公平正义的地方和单位,就不可能有和谐的环境,也就没有平衡发展的基础和条件,在这种情况下,发展的迟缓、不平衡甚至倒退也是在情理之中的事情。其三,公平正义促平衡发展,应该让每一个人有自由发挥个人能量的条件和空间,要让每一个人有尊严的工作和生活,人格和利益平等地交往和交流,真正让全体人民迸发出建设社会主义的热情和干劲,为平衡发展夯实群众力量。其四,公平正义促平衡发展,制度是重要保证。"我们通过创新制度安排,努力克服人为因素造成的有违公平正义的现象,保证人民平等参与、平等发展权利"②。这就是说,制度本身就有一个公正与否、科学与否的问题,因此,平衡发展需要有制度保证,而且是公平正义的制度保障。

四、"五位一体"、协调推进需要道德力量支撑

党的十八大报告中明确提出建设中国特色社会主义"五位一体"的总布局,即着眼于全面建成小康社会,全面落实经济建设、政治建设、文化建设、社会建设、生态文明建设,并促进"五位一体"的全面、协调发展。"五位一体"总布局的全面、协调推进,道德是不可忽视且不可替代的精神力量。

其一,"五位一体"的全面、协调推进需要"国民素质和社会文明

---

① 《习近平谈治国理政》,外文出版社 2014 年出版,第 204 页。
② 《习近平谈治国理政》,外文出版社 2014 年出版,第 97 页。

程度的显著提高"。全面建成小康社会,覆盖的领域要全面,是"五位一体"全面进步的小康。当然,更重要、更难做到的是"全面",它要求发展的平衡性、协调性、可持续性。习近平总书记强调,如果到2020年我们在总量和速度上完成了目标,但发展不平衡、不协调、不可持续问题更加严重,短板更加突出,就算不上真正实现了目标。"五位一体"全面进步的小康目标的实现,需要文化力量、精神力量的支撑。因为,"决胜全面建成小康社会的伟大进军,每一个中国人都有自己的责任,领导干部要勇于担当,人民群众要增强主人翁意识,全党全国各族人民要拧成一股绳,以必胜的信心、昂扬的斗志、扎实的努力,投身新的历史进程,朝着全面建成小康社会的宏伟目标奋勇前进"!同时,要培育和践行社会主义核心价值观,坚持爱国主义、集体主义,坚持向上向善、诚信互助,精神饱满地投入到"五位一体"全面进步、实现全面小康的建设中来①。

其二,"五位一体"各领域的建设需要道德觉悟。第一,道德是经济发展的精神动力。真正的经济是内含道德的经济。经济是人的经济,是社会生产劳动及其社会利益关系发生、发展的特殊存在方式,是人和人际关系或人际利益关系的本质的反映。因此,经济概念不是纯物质或物质活动概念,它必然内含着经济主体及其主体与主体之间的体现"应该"的逻辑关系和价值理念,即经济内涵着道德要素。离开了道德视角,经济不可能被正确地理解和把握。进一步说,道德是经济发展过程中的重要的精神力量,它在提升劳动者道德境界中提高劳动生产力、增强劳动产品质量、实现最好经济效益;同时,它将协调经济活动各要素关系和各利益相关者之间的利益关系,在物质利益和精神利益平衡与公平公正实现中促进经济合力的形成,推动经济建设的既

①《习近平总书记系列重要讲话读本》,学习出版社、人民出版社2016年出版,第57、66页。

好又快的发展。第二,道德是民主政治建设之基础。民主政治建设必须走中国特色社会主义政治发展道路,这是最根本的政治道德或道德政治。"如果这一点把握不好、把握不牢,走偏了方向,不仅政治文明建设很难搞好,而且会给党和人民的事业带来损害,影响社会政治稳定,影响党和国家长治久安"①。民主政治建设说到底就是以民为本、人民当家作主,这是一个典型的道德命题。为此,民主政治建设必须要摆正干部与群众的关系问题,要弄清权与法的关系问题,要真正认识人民的主人翁地位等,这就是"为官"的基本道德理念问题。干部要做好榜样,按照习近平总书记的要求,既严以修身、严以用权、严于律己,又谋事要实、创业要实、做人要实。同时,有德性的干部一定要倾听老百姓的心声,"要随时随刻倾听人民呼声、回应人民期待,保证人民平等参与、平等发展权利,维护社会公平正义"②,真正做到"权为民所用,情为民所系,利为民所谋"。第三,道德是文化建设之灵魂。文化在一定意义上即为人化,是对人和人际关系不同视角的解读。因此,就人文视角来看,经济、政治、社会、生态等文化核心或核心文化都是该领域的特殊的主体以及主体与主体关系生存和生存价值的体现。所以,道德是人文社会科学之核心和基础理念。诸如社会学、经济学、管理学、法学、政治学、教育学、文学、艺术学等社会科学学科,忽视甚至离开了道德,任何一门学科将是不完备、不完美的学科。同时,道德也是先进物质文化之核心精神,没有道德内涵的物质文化,就像人没有"灵魂",终究将是质量低下的物质或物品。因此,社会主义道德是社会主义先进文化建设的核心支柱。中国特色社会主义先进文化建设,只有坚持崇高文化价值取向,坚持文化为人民服务、为社会主义服

---

① 《习近平总书记系列重要讲话读本》,学习出版社、人民出版社 2014 年版,第 80 页。

② 《习近平谈治国理政》,外文出版社 2014 年出版,第 41 页。

务,坚持贴近实际、贴近生活、贴近群众,切实净化人们的心灵,才能不断增强全民族文化创造活力,努力建成社会主义文化强国。第四,道德是建设和谐社会之本。和谐社会实质是道德化的社会。道德化的社会,在一定意义上也就是生态性社会。强调社会的生态性,也就是社会要处在一种合理的状态下。实现这社会状态,要靠道德理念和道德境界。首先,建设和谐社会,人自身必须和谐,只有人人自身和谐了,才谈得上社会和谐,这就要求每一个人自身的素质要全面发展,即思想进步、心理平和、情绪稳定、身体健康等,而这一切取决于人的道德境界。同时,社会和谐了,才能促进和帮助每一个个人实现自身的和谐。所以和谐社会的道德理念非常重要,关系的和谐与人自身的和谐非常重要。说到底,道德觉悟直接决定社会和谐程度。其次,和谐社会是不断解决社会矛盾中的和谐。社会矛盾的合理解决,要以道德为依据,要有道德手段。再次,和谐社会建设依赖和谐的社会制度。一个科学有效的制度、理性意义上的制度,一定是一个道德化的制度、人性化的制度和符合人际关系完善和协调的制度。第五,道德是生态文明建设之依据。生态本义是指生物在一定的自然环境下生存和发展的状态,也指生物的生理特性和生活习性。广义的生态观中,生态就包括自然生态、社会生态、自然社会生态三大类。这样的话,生态可以理解为自然、社会、自然和社会应该的生存状态,我把这称之为合理性生存样态。生态文明在一定意义上即为生态道德。习近平总书记指出,"建设生态文明,关系人民福祉,关乎民族未来"①。只有自然生态、社会生态、自然社会生态处在最佳状态,人们才谈得上和谐幸福,中华民族伟大复兴的中国梦才能实现。这是最重要、最崇高的道德和道德目标。生态文明建设需要道德自觉。道德自觉将会促使人们真正认识自然、社会的存在依据和理由,懂得保护生态就是保护人类自

---

① 《习近平谈治国理政》,外文出版社2014年出版,第208页。

己生存和发展的道理,并由此不断提升建设生态文明的自觉性。事实上,生态文明建设,根本在责任意识,有了责任意识,才可能有"尊重自然、顺应自然、保护自然的理念,贯彻节约资源和保护环境的基本国策,更加自觉地推动绿色发展、循环发展、低碳发展,把生态文明建设融入经济建设、政治建设、文化建设、社会建设各方面和全过程,形成节约资源、保护环境的空间格局、产业结构、生产方式、生活方式,为子孙后代留下天蓝、地绿、水清的生产生活环境"①。

（原载于《伦理学研究》2016 年第 3 期）

---

① 《习近平谈治国理政》,外文出版社 2014 年出版,第 211 - 212 页。

党的十八大以来习近平利益
协调理论的新贡献*

利益原则是人类社会全面发展的最终动因。从党以民为本的执政理念来看,党作为社会秩序和政策资源的主要供给者,党执政的功能不仅仅是表达民意,重要的是通过社会利益结构的调整来满足不同群体的利益诉求,通过利益协调的途径,来更好地处理人民内部矛盾、整合社会关系、推进社会公平。党的十八大以来,习近平总书记在"新的历史特点的伟大斗争中"①,依据世情、国情、党情、社情和民情,勇于实践、敢于担当、善于创新,在深化"三大规律"的探索中,创造性地提出了一系列关于利益协调的新思想、新理念、新战略,为在新的历史条件下更加全面深化利益协调提供了科学的理论指导和行动指南。

一、着眼新变化,打造加强利益协调认识的升级版

改革开放以来,尤其是 21 世纪以来,我国经济体制、社会结构、利

* 本文作者:蔡清伟(1967 -),男,河南中牟人,许昌学院社科部副教授,博士,研究方向为马克思主义中国化。

基金项目:本文系许昌学校院内重点课题"经济新常态下习近平社会治理思想创新研究"(项目编号:2016095)的阶段性成果。

① 中共中央文献研究室:《十八大以来重要文献选编》上,中央文献出版社 2014 年版,第 11 页。

益格局和思想观念都发生了深刻的变革、变动、调整和变化。① "四个深刻"的变化既为我国的发展注入了巨大的活力,也引发了系列性的矛盾和深层次问题。党的十八大之后,我国进入了全面建成小康社会的决定性阶段,同时也面临着"中等收入陷阱"的困境,发展的不平衡性、不协调性依然突出,农村依然是城乡区域协调、平衡发展的短板,全民收入整体提高的同时,个体居民收入分配之间依然存在较大差距,关系到人民群众切身利益的民生问题和矛盾明显增多。② 统筹兼顾各方面利益任务更加巨大。③ 党的十八届五中全会深刻地分析了"十三五"时期我国发展环境呈现的新的基本特征,"未来五年的发展仍处于大有作为的重要战略机遇期,同时也面临着诸多矛盾叠加、风险隐患增多的严峻挑战"。④ 对此,全会要求要以更新的思想、理念、战略、措施、原则去有效地应对各种风险和挑战。

毛泽东以全心全意为人民服务的宗旨协调利益关系;邓小平从"三个有利于"的标准检验利益关系是否和谐;江泽民从"三个代表"的高度去实现、维护、发展好人民群众的根本利益;胡锦涛在新的历史起点上,在全面建设小康社会奋斗目标的新要求下,加深了对利益协调的紧迫性和重要性的认识。党的十八大之后,以习近平为总书记的中央领导集体,在对"新的历史特点"这个概念更加深刻的认识下⑤,顺应我国经济社会新发展和广大人民群众新期待,以强烈的历史使命

---

① 中共中央文献研究室:《十六大以来重要文献选编》下,中央文献出版社 2008 年版,第 649 页。
② 中共中央文献研究室:《十八大以来重要文献选编》上,中央文献出版社 2014 年版,第 494 页。
③ 中共中央文献研究室:《十八大以来重要文献选编》上,中央文献出版社 2014 年版,第 54 页。
④ 《中共中央关于制定国民经济和社会发展第十三个五年规划的建议》,《光明日报》2015 年 11 月 4 日。
⑤ 习近平:《习近平谈治国理政》,外文出版社 2014 年版,第 411 页。

感,"敢于啃硬骨头,敢于涉险滩,以更大决心冲破思想观念的束缚、突破利益固化的藩篱"①,以目标和问题为导向,以增加人民的福祉为宗旨,破解利益协调的难题,使全体人民共享改革发展的成果。30 多年来的改革开放孕育了人民对更美好生活的向往,人民期盼教育要更好些、工作要更稳定些、收入分配要更满意些、社会保障要更靠些、医疗卫生服务水平要更高些、居住条件要更舒适些、生活环境要更优美绿色些。② 这"八个更"既体现了人民对美好生活的向往,也是以习近平总书记为核心的党中央为之奋斗的新目标。另外,习近平总书记还不断地用更加接地气的词句来提升对利益协调的新认识。比如,在很多场合,习近平总书记明确表示在突破利益藩篱中,"要有勇气、有胆识、有担当,敢于出招、敢于得罪人"③,要有智慧、韧性和耐力,这些表述,不仅提升了对利益协调认识的高度,而且也表达了习近平总书记真正让改革落地的壮士断腕的决心。

二、探索新规律,提出加强利益协调的新原则

习近平总书记在新的历史特点伟大斗争中继续深化党对"三大规律"的认识,创造性地提出了加强利益协调的基本原则,这些原则成为新的历史特点下加强利益协调的理论指南。

（一）促进社会公平正义使利益共享

公平正义原则是利益协调的首要原则。公平正义原则最初是作为衡量道德原则的尺度。近代以降,公平正义"从道德原则逐渐演化

---

① 中共中央文献研究室:《十八大以来重要文献选编》上,中央文献出版社 2014 年版,第 514 页。

② 中共中央文献研究室:《十八大以来重要文献选编》上,中央文献出版社 2014 年版,第 70 页。

③ 中共中央文献研究室:《十八大以来重要文献选编》上,中央文献出版社 2014 年版,第 42 页。

为评价法律制度、国家和社会制度的准则"①,正如罗尔斯表述的一样,"公平正义是一个社会制度的首要价值,不管法律和制度是多么有效率、多么有条理,只要它们不公平、不正义,就必须毫不犹豫地加以改造或废除,直至真正彰显公平正义"。② 实现社会公平正义是中国特色社会主义的内在要求。党中央在不同时期不同阶段对公平正义都做了重要论述:邓小平从共同富裕的战略高度阐释了公平正义的思想,江泽民从"三个代表"的视角诠释了公平正义的本质,胡锦涛指出所谓公平正义,就是要妥善协调好方方面面的利益关系,正确处理好人民内部矛盾和其他社会矛盾。③ 党的十八大以来,习近平总书记依据新情况新问题,就促进社会各公平正义提出了一系列新的思想。首先,习近平总书记肯定了现今社会上还存在大量有悖公平正义的现象。这个问题不抓紧解决,一方面影响广大人民群众对改革开放的信心,另一方面影响社会的和谐稳定。其次,习近平总书记指出,解决社会不公平不正义的问题的根本是要"创新制度安排,创造更加公平正义的社会环境"④,使全体人民真正共享权利公平、机会公平、规则公平、分配公平,朝着共同富裕方向稳步前进。

(二)贯彻创新、协调、绿色、开放、共享的发展理念使利益关系和谐

发展是党执政兴国的第一要务。党中央根据不同时期的情况,分别提出了均衡发展,非均衡发展,可持续发展及全面、协调可持续的发

---

① 徐国亮:《中国共产党利益协调职能问题探讨》,《理论学刊》2014 年第 6 期,第 26 - 30 页。
② [美]约翰. 罗尔斯:《正义论》,何怀宏译,中国社会科学出版社 1988 年版,第 5 页。
③ 中共中央文献研究室:《十六大以来重要文献选编》中,中央文献出版社 2006 年版,第 706 页。
④ 中共中央宣传部:《习近平总书记系列重要讲话读本》,学习出版社,人民出版社 2014 年版,第 45 页。

展。党的十八大以来,以习近平为总书记的党中央,在破解发展难题、厚植发展优势的新思路下提出了创新、协调、绿色、开放、共享发展的新理念。① 党的十八届五中全会通过的"十三五"规划建议,详细地科学地阐明了创新、协调、绿色、开放、共享的内在联系及辩证关系,是推动我们未来发展的新理念。

(三)坚持思想政治教育疏导利益关系

思想政治教育是我党的优良传统。在革命、建设和改革开放的不同时期不同阶段,在利益问题上所呈现的价值取向和存在的利益主体是不一样的。比如在革命时期求生存是利益价值取向的重点,偏重政治生命是计划经济时代的利益价值取向,改革开放以来,偏重个体利益的价值取向得到了认可。由此,思想政治教育的复杂性和重要性更加得到彰显,通过思想政治教育纠正人们在追究个体价值利益时所产生的对利益问题认识的偏差。习近平总书记根据新时期呈现的不同特点,在坚持党的思想政治工作的优良传统下,提出了新时期加强思想政治工作疏导利益关系的新观点新方法。首先,要铸魂,树立社会主义核心价值观。其次,要加大教育宣传的力度,综合运用各种教育手段,尤其要重视新媒体的教化功能,逐步引导人民树立合法、合理、公平、公正的利益获取观念。再次,正确认识和处理奉献精神与利益原则的关系,坚持党和人民的利益高于一切,树立正确的利益观念。最后,正确认识平均主义和利益分化的现象,打破平均主义,正确看待当前社会的利益分化。

(四)加强完善民主法治规范利益关系

民主法治是当今时代的主要特点,也是依法治国、依法执政的基本要求。党的十八大以来,"我国经济正处于增长速度换挡期、结构调

---

① 《中共中央关于制定国民经济和社会发展第十三个五年规划的建议》,《光明日报》2015 年 11 月 4 日。

整阵痛期和前期刺激政策消化期叠加阶段"①,各种利益关系的调整使一些深层次的矛盾和问题逐步显现,与此同时,经过30多年改革开放洗礼熏陶的人民群众为了维护自身合法权益的要求日益强烈,对民主法治的需要更加突出、更为迫切。习近平总书记在处理和协调利益关系时,十分重视并着重运用民主法治的手段促进社会公平正义,从制度化、法制化、规范化的角度保护广大人民群众的合法利益,提出了"协商民主"的新思想。协商民主作为我国特有的民主政治形式和独特优势,不仅有利于更好地贯彻党的群众路线,而且有利于调动全社会的力量参与协商社会发展的重大问题及涉及群众切实利益的实际问题,体现了人民至上的执政新理念。② 建设法治中国,让法治成为一种全民信仰是十八大以来党对依法治国、依法执政理念的创新和发展。2014年,党中央召开了以"依法治国"为主题的十八届四中全会——从中国共产党成立以来,中央全会以"依法治国"为主题尚属首次。

(五)坚持从大局出发通盘谋划利益关系

"不谋全局者,不足谋一域"。从大局出发谋划利益协调是习近平总书记多次强调的问题,因为我们的改革已经进入深水区、攻坚区,利益主体呈现更加多元化,利益关系也更加复杂化和叠加化。因此,习近平总书记强调要从大局谋划协调利益关系,"要真正向前展望、超前思维、提前谋局。只有这样,最后形成的文件才能真正符合党和人民事业发展要求"。③ 谋大局必须强化顶层设计,整体谋划利益协调的

---

① 中共中央宣传部:《习近平总书记系列重要讲话读本》,学习出版社、人民出版社2014年版,第57页。

② 中共中央文献研究室:《十八大以来重要文献选编》上,中央文献出版社2014年版,第527页。

③ 中共中央文献研究室:《十八大以来重要文献选编》上,中央文献出版社2014年版,第509页。

关联性、系统性、可行性。

三、依据新趋势,明晰利益协调的新举措

习近平总书记指出:"光有立场和态度还不行,必须有实实在在的举措。行动最有说服力。"①针对新时期利益关系呈现的新趋势、新特点和新动向,习近平总书记明确提出了加强利益协调的新举措。

(一)完善收入分配结构制度,形成合理有序的收入分配格局

改革开放以来,邓小平打破了平均主义思想,从效率和公平的逻辑层面,阐明了"先富"和"共富"的辩证关系。30 多年来的分配制度的循序渐进的改革,人民的生活水平、质量也都有了显著的提高,但"收入分配领域仍存在一些亟待解决的突出问题"②,主要体现在城乡区域发展之间和居民收入分配之间的"两个差距"依然较大,不规范的收入分配秩序产生的隐性收入、非法收入问题比较突出,仍然有部分群众生活比较困难。③

党的十八大以来,以习近平为总书记的党中央,针对收入分配中存在的新问题,深化收入分配制度改革。一是要通过发展经济,把"蛋糕"做得足够大。二是必须坚持促进社会公平正义与和谐的原则,继续完善初次分配和再分配机制,使全体人民共享发展成果。三是针对城乡差距依然较大的新问题,明确提出建立健全促进农民收入增长的长效机制。四是推动形成公开透明、公正合理的收入分配秩序,解决收入分配秩序的不规范问题。要健全相关收入分配的法律法规;要加

---

① 中共中央文献研究室:《十八大以来重要文献选编》上,中央文献出版社 2014 年版,第 509 页。
② 中共中央文献研究室:《十八大以来重要文献选编》上,中央文献出版社 2014 年版,第 143 页。
③ 中共中央文献研究室:《十八大以来重要文献选编》上,中央文献出版社 2014 年版,第 143 页。

大反腐力度;强化社会监管,建立健全现代支付和收入检测体系。五是要发挥"科学的宏观调控,有效的政府治理"。① 党的十八届三中全会,做出了市场在资源配置中的决定性作用,但并不是全部作用。我们知道,市场竞争机制激发的是效率,但合理有序的收入分配格局首先体现的是公平,其次是效率。因此,在分配领域,既要遵循市场经济的规律,又要发挥政府科学的宏观调控,保障公平竞争,促进共同富裕,弥补市场失灵。

(二)统筹推进城乡社会保障体系建设,建立更加公平、更可持续的社会保障制度

新中国成立以来,社会保障制度发生了巨大的变化。改革开放之前,新中国的社会保障制度是城乡二元分割的传统的社会保障制度,这种传统的社会保障制度一步步拉开了城乡发展差距的步伐。改革开放后,经过30多年来的探索和不懈努力,新的社会保障制度逐步建立。具有里程碑意义的是,十四大明确提出了建立社会保障体系的主要任务和基本原则。十五大报告明晰了最基本的社会保障内容。十六大对社会保障的认识上升到关系到社会稳定和国家长治久安的地位。十七大提出了加快建立覆盖城乡居民的社会保障体系的目标。

通过对改革开放30多年来我国社会保障体系建设的回顾与梳理,可以看到,社会保障改革取得了长足发展,但发展中的突出问题也日益彰显。一是需要进一步破解发展的制度瓶颈;二是发展中的不公平问题依然突出;三是社会保障的法规建设有待加大;四是社会保障覆盖面要实现从广到全的转变。十八大后,鉴于新情况新问题及人民群众的新需求,党中央提出了社会保障由广覆盖到全覆盖的新举措,"做到织好网、补短板、兜底线"战略构思。要织好一张安全网,必须坚

---

① 中共中央文献研究室:《十八大以来重要文献选编》上,中央文献出版社 2014 年版,第 503 页。

持从全民性,实施全覆盖,保障人民的最基本生活的方针出发,针对不同的社会群体搭建不同层次的、具有可持续、增强公平性的保障安全网。① 所谓补短板,主要是指让尚未参加养老保险的城乡居民参保,实现全民参保。城乡居民不仅指困难群体、也关系到包括中等收入群体在内的所有人。补短板的主旨是消除不同收入的各个社会阶层在创业、就业中的后顾之忧,如果在创业和就业中,遭到了挫折、失败,这张安全网能够提供他们基本的民生保障。兜底线主要是针对特困群体。全国还有 7000 万低保人口和 8000 万残疾人,加之社会流浪乞讨人员和特困大病患者。这些特困群体一旦出事,直接冲击到社会的道德底线,这和我们社会主义制度国家不相容,必须下决心解决这些问题。十八届五中全会明确提出了建立更加公平更可持续的社会保障制度,实施全民参保计划,全面实施城乡居民大病保险制度。②

(三)举全党全国之力持之以恒强化农业、惠及农村、富裕农民

"三农"问题一直是新中国成立以来党中央关心的重要问题。改革开放以来,尤其是党的十六大以来,全面推进"三农"实践创新、理论创新、制度创新,全面确立重中之重、统筹城乡、"四化同步"等战略思想。

党的十八大以来,随着工业化、城镇化的深入推进,我国农业农村正在迈入一个新的发展阶段,呈现了一些新的特点,出现"农业综合生产成本上升、农产品供求结构性矛盾突出、农村社会结构加速转型、城乡发展加快融合的态势"。③ "农村劳动力大量流动,农户兼业化、村

---

① 中共中央文献研究室:《十八大以来重要文献选编》上,中央文献出版社 2014 年版,第 28~29 页。
② 《中共中央关于制定国民经济和社会发展第十三个五年规划的建议》,《光明日报》2015 年 11 月 4 日。
③ 中共中央文献研究室:《十八大以来重要文献选编》上,中央文献出版社 2014 年版,第 94 页。

庄空心化、人口老龄化趋势明显,农民利益诉求多元"①,针对这些阶段性变化,习近平总书记用通俗易懂的话语诠释了"三农"问题的重要性。"小康不小康,关键看老乡"。② 用短腿和短板的形象比喻强调了农业在"四化同步"和农村对全面建成小康社会的至关重要性,论证了农业强、农村美、农民富与中国强、中国美、中国富的内在逻辑关联。他号召全党要"顺应阶段变化,遵循发展规律,增强忧患意识,举全党全国之力持之以恒强化农业、惠及农村、富裕农民"。③ 党的十八届三中全会强调了通过健全体制机制"让广大农民平等参与现代化进程、共同分享现代化成果"。④ 党的十八届五中全会对未来五年"三农"发展提出了新的战略构思和目标,"农业现代化取得明显进展,人民生活水平和质量普遍提高,我国现行标准下农村贫困人口实现脱贫,贫困县全部摘帽,解决区域性整体贫困"。⑤

(四)实施区域发展总体战略,充分发挥各地区比较优势

随着改革开放的深化,区域经济不平衡已经成为制约我国发展的重要因素,加大了利益格局的深刻分化。推动区域协调平衡发展是改革开放以来党中央一直比较关心的问题。有重点地发展西部和振兴东北老工业基地,促进区域协调发展。按照邓小平同志提出的"两个大局"的战略思想,2000 年我国启动了西部大开发战略,四年后,国务院出台了《关于进一步推进西部大开发的若干意见》,提出充分调动各

---

① 中共中央文献研究室:《十八大以来重要文献选编》上,中央文献出版社 2014 年版,第 94 页。
② 中共中央文献研究室:《十八大以来重要文献选编》上,中央文献出版社 2014 年版,第 658 页。
③ 中共中央文献研究室:《十八大以来重要文献选编》上,中央文献出版社 2014 年版,第 94 页。
④ 中共中央文献研究室:《十八大以来重要文献选编》上,中央文献出版社 2014 年版,第 503 页。
⑤ 《中共中央关于制定国民经济和社会发展第十三个五年规划的建议》,《光明日报》2015 年 11 月 4 日。

方面的积极性,开创西部大开发的新局面。2003 年 10 月,中共中央、
国务院公布了《关于实施东北地区等老工业基地振兴战略的若干意
见》。2009 年 9 月,中共中央、国务院公布《关于进一步实施东北地区
等老工业基地振兴战略的若干意见》。2006 年 4 月,中共中央、国务院
公布《关于促进中部地区崛起的若干意见》。这些文件的公布与实施
形成了区域发展总体战略,促进了区域协调发展。

　　党的十八大以来,以习近平为总书记的党中央从更加促进社会公
平正义的战略思维出发,通过补短板、增优势、强协调,推进区域总体
发展。首先,补短板,主要是加大对革命老区、民族地区、边疆地区、贫
困地区的转移支付,实现基本公共服务均等化。其次,增优势,主要是
对西部、中部、东北和东部依据各自发展优势制定更具导向的协调发
展目标和政策。西部要优先发展、东北要全面振兴,中部要奋力崛起,
东部发展要"率"字当先。再者,强协调,构建新型工农、城乡关系,
"推动城乡一体化发展。加大强农惠农富农政策力度,让广大农民平
等参与现代化进程、共同分享现代化成果"。①

四、解决新问题,制定加强利益协调的新机制

　　建立长效机制一直是党的十八大以来习近平总书记关心的重大
问题。"要注重发挥体制机制的作用,机制的建立要符合长远的方向,
不能今天建明天改,不能使今天的改革成为明天改革的障碍"。② 针
对利益分化不平衡的新问题,习近平总书记指出,"机制建设要尽可能

---

① 中共中央文献研究室:《十八大以来重要文献选编》上,中央文献出版社 2014 年
　版,第 18 页。
② 中共中央文献研究室:《十八大以来重要文献选编》上,中央文献出版社 2014 年
　版,第 254~255 页。

完整,不能'碎片化',以收到事半功倍之效"①,形成利益协调的合力。

（一）建立健全畅通的利益诉求表达机制

随着我国社会主义市场经济的发展,出现了多样化新的社会阶层和利益群体,人们的利益需求也逐渐多元化。因此,需要一个更加畅通的渠道来表达他们的利益需求。同时,不同利益群体之间往往存在着矛盾和冲突,在改革过程中利益受损的那部分群体由于利益表达渠道不通畅,容易导致社会关系的紧张。建立健全不同利益诉求的表达机制,不仅有利于促进社会公平正义与和谐,而且从某种意义上讲,给那些有对立情绪和不同意见者提供了发泄管道,以避免矛盾的不断累积而导致出现无法收拾的结局。

（二）建立健全维护群众权益保障机制

伴随30多年的社会发展及人民生活水平的不断提高,人民维权的意识也不断增强,对社会不公问题反映越来越强烈。② 在通过传统渠道无法使自己的权益得到保障的情况下,越来越多的人选择了新媒体来维权,但也产生了维权的失真、失范、无序的负面后果。这就要求强调党和政府的在群众权益保障机制中发挥主导作用,在叠加复杂的利益关系协调中,更有效地把握好眼前利益和长远利益、局部利益和全局利益、具体利益和根本利益的有机结合,在制度安排、法律规范、政策支持等方面创造更公平的维权环境。

（三）建立科学的调整社会利益分配机制

我国社会正处在极速转轨的行程之中,经济体制转轨与社会结构转型交织并行,社会分化趋势提速,不同社会利益群体之间的一致与冲突,推动着不同利益要求的相互博弈,利益多元化的格局日益彰显。

---

① 中共中央文献研究室:《十八大以来重要文献选编》上,中央文献出版社 2014 年版,第 254～255 页。

② 中共中央文献研究室:《十八大以来重要文献选编》上,中央文献出版社 2014 年版,第 522 页。

在这样的情况下协调社会利益关系,建立科学协调社会利益关系的分配机制更为重要。

(四)完善科学的利益平衡机制

人民群众的利益需求是一个动态发展的过程。这就需要我们从人们利益满足的动态性特征出发,根据现实情况不断完善利益平衡机制,创造公平的利益竞争环境。在充分发挥市场调节的基础上,进一步从法律上、制度上、政策上对社会利益进行再分配,不断整合、协调、平衡利益关系。

综上所述,习近平总书记利益协调思想内涵丰富,立意深邃,论述精辟,与党的几代中央领导集体利益协调理论一脉相承又善于创新。敢于涉险滩,是以习近平总书记为代表的中国共产党人对利益关系再认识再思考的科学结晶,为新的历史特点的伟大征程中加强利益协调提供了强大的思想武器,指明了正确方向。

(原载于《江南社会学院学报》2016 年第 3 期)

确立协调发展理念与实现协调发展探析 *

关于协调发展的研究,学界取得了丰硕的成果,但这些研究多是从经济学、管理学、社会学等视角,对经济关系和经济领域进行的专项研究。部分研究虽然围绕社会整体领域、人与自然、国内与国外等方面综合展开,却又显得或缺乏现实感,或难以达到应有的理论深度。同时,"协调"发展理念作为五大发展理念之一被提出,也显示了社会整体对协调发展迫切需要。理论和现实都表明,对协调发展做进一步研究绝不是无足轻重的。为了不侵占"绿色"发展理念和"开放"发展理念的地盘,也基于研究的需要,本文在把"协调"发展理念的侧重适用领域,定位于包括经济领域、政治领域、文化领域以及城乡和区域等在内的社会整体领域的前提下,基于对社会关系和社会整体领域的系统把握,从哲学层面,着重对社会各领域之间以及城乡之间的协调发展,做进一步的思考和探讨。

一、协调:社会发展的客观要求和理想状态

1. 协调是社会各领域发展的客观要求和理想状态

从哲学层面讲,协调是社会关系的一种稳定和谐状态。社会关系是现实的人的实践活动的产物,人们基于物质资料的生产方式,生产

* 本文作者:李红松,河南工程学院思政部讲师、博士。

了包括经济关系、政治关系、文化关系等在内的种种社会关系,并由此形成了人们活动于其中的包括经济领域、政治领域和文化领域等基本领域在内的社会整体领域。现实的人,一方面无时无刻不受到这些关系的影响和制约,另一方面又通过自身的活动,变革着这些社会关系和社会领域,由此推动社会不断向前发展。

在所有这些关系和领域中,生产关系和经济领域处于基础地位并起决定作用,由生产力发展状况所决定的生产关系的变革,决定着政治关系和文化关系的变革,要求政治关系和文化关系与之相协调。整体而言,政治领域和文化领域必须要与经济领域相协调,这是社会发展的基本规律和客观要求,人类社会的发展历程有力地证明了这一点。从经济社会形态视角来看,当生产力的发展,使生产关系变革为奴隶主所有制关系时,就需要有主要由奴隶主建构的政治关系和文化关系与之相协调;当生产关系变革为地主或领主所有制时,就需要封建的政治关系和文化关系与之相协调;而当生产关系主要变革为资本家所有制时,就需要有主要由资产阶级建构的政治关系和文化关系与之相协调。所有社会形态演替中,先前社会的生产关系、政治关系、文化关系的变革,也都是因为这些关系或领域和生产力不适应,以及这些关系之间不协调。从技术社会形态视角来看也是如此。人类社会从农业社会到工业社会继而到信息社会的演变,也同样要求政治和文化关系与经济关系相协调,经济关系的市场化变革,必然要求推进政治关系民主化,必然导致文化"祛魅"和价值观念多样化。不仅经济、政治、文化等关系和领域之间需要协调,即使在各种关系和领域内部也同样要求协调一致,比如经济关系或领域内部的产业间协调以及生产、分配、交换、消费关系等之间的协调,政治关系或领域内部的中央与地方关系以及立法、行政、司法关系之间的协调,文化关系或领域内部的传统与现代以及国内文化与外来文化之间的协调等。

协调不仅是社会发展的客观要求,也是社会发展的一种理想状态。人类社会的早期即原始社会时期,各种社会关系处于混沌一体的状态,那时的社会关系是协调的,但只是低层次的协调。随着生产力的发展,私有制的出现,社会关系开始变得不协调,只要私有制存在,社会关系的完全协调就是不可能的,只有到了共产主义社会,在"自由人联合体"中,社会关系才能够真正完全协调起来。因此,从这个意义上讲,协调又是社会发展的一种理想状态。但这并不是说,在私有制社会,社会整体的发展是停滞的,实质上,只要生产关系基本适合生产力的发展,政治和文化关系或领域又与经济关系或领域基本协调,社会就会不断向前发展,直至达到共产主义的社会关系完全协调状态。这样,在私有制社会或者存在私有制的社会里,人们需要做的是,始终依据生产力发展状况,及时对经济、政治、文化等关系或领域进行调整,进而使这些关系或领域内部,以及这些关系或领域之间,基本协调起来。

2. 协调是城乡关系发展的客观要求和理想状态

除了经济、政治、文化等关系或领域内部及其之间需要协调之外,在社会结构体系内部,还有一种关系也需要协调起来,这种关系就是城乡关系。自从城市诞生以来,城市与农村就作为同一个社会结构体系内部的两个相对独立而又相互联结的子系统而存在,每一个子系统的结构都具有相应的完整性,即都具有自身的经济、政治、文化等基本领域和其他领域①。

城乡之间,在人类社会产生之初,是混沌一体的。随着生产力的发展,农业的产生催生了乡村,手工业的产生催生了集市,之后商业的繁荣促使城市与乡村分离,资本主义生产方式的出现和发展则进一步使"乡村从属于城市",城乡关系趋向对立。城乡分离,一方面是生产

① 贾高建:《社会整体视野中的城乡关系问题》,《中共中央党校学报》2007 年第 4 期。

力发展的结果,由生产力发展决定的分工的发展和农业产出的增加是城乡分离的前提。另一方面,城乡的分离甚至对立,也促进了生产力的发展,正如马克思所指出的,"一切发达的,以商品交换为媒介的分工的基础,都是城乡的分离"。如果说城乡分离在特定时期和特定历史发展阶段是合理的,是具有进步意义的,那么,越出这个时期,城乡分离就会失去其合理性。尤其是当城乡分离的程度达到城乡对立甚至对抗、剥夺乡村不能相应换取社会总产出增加时,这种分离就完全走向了自己的反面。此时,社会整体运行和发展,就迫切需要城乡协调,只有促进城乡协调,生产力才会在新的基础上不断发展。无论在城乡分离或对立的任何阶段,城乡之间都是存在某种程度的功能互补的,从这个意义上讲,完全的城乡各自孤立,实质上也是不存在的。

协调同样既是城乡发展的客观要求,又是城乡关系的一种理想状态。截至目前的人类历史,城乡关系完全协调的状态,仍然仅仅停留在理想的层面上。恩格斯强调,"城乡的融合,使社会全体成员的才能得到全面的发展;这一切都将是废除私有制的最主要的结果。"要使城乡关系完全协调,必须在生产力高度发达的条件下消灭私有制。而在当前生产力状况下,人们需要做的同样是大力发展生产力,并在生产力发展的基础上使城乡关系逐步协调起来。

二、落实协调发展理念、实现协调发展的现实境遇

经济、政治、文化各领域及其之间的协调发展状况,以及城市、乡村内部和城乡之间协调发展状况,构成了当代中国落实协调发展理念、实现协调发展的现实境遇。

1. 社会各领域协调发展的现实境遇

当前中国社会经济、政治、文化等各领域内部和领域之间总体来讲是基本协调的。经济领域内部三次产业之间的关系,政治领域内部中央和地方之间以及立法机构、行政机构、司法机构之间的关系,文化

领域里传统文化、马克思主义文化、外来文化之间的关系,基本上是协调的。经济、政治、文化各领域也都按照各自在整个社会结构体系中的逻辑定位有效运行。

但这些关系的协调程度也都有待提升。就各领域内部而言,经济领域里三次产业之间的关系有待提升和升级,即使同一产业内部不同次级部门的关系也需要调整;政治领域里党的领导需要进一步加强,中央和地方关系需要进一步协调,政治参与渠道有待进一步拓展;文化领域里各种文化因素需要进一步整合。社会各领域的这些关系都需要在适合生产力状况的前提下,按照社会各个领域的逻辑定位,进行有效的内部调整和规范。一旦我们按照各个领域的逻辑定位进行调整和整合时,就自然地来到了社会各领域之间的现实关系上。而当前社会经济领域、政治领域和文化领域之间的关系虽然基本协调,但也存在亟待改善之处。这突出表现在经济领域里的市场、政治领域里的政府、文化领域里的法治意识不够协调上。这个问题处理得好坏与否,不仅是决定经济、政治、文化等各领域之间协调程度,而且也是决定各领域内部协调程度的关键所在。

现代社会转型和发展与市场功能的发挥密不可分。市场要想发挥自身功能,必须有自身借以发挥功能的机制。市场机制主要包括供求机制、竞争机制、价格机制等,其中起核心作用的是价格机制。市场之所以能够成为资源配置手段,使经济运行富有活力,所凭借的主要是市场机制的有效运行。在产权明晰的前提下,市场机制鼓励通过竞争实现个人利益,促使市场主体通过供需法则、自主选择、等价交换,达到社会资源的合理配置。而目前我国产权不明晰的状况依然存在,资本、土地、技术、信息等要素市场发育并不成熟,合理的价格机制仍需进一步形成,这些都会大大影响市场机制的运行。此外,市场经济是法治经济,建立完善的市场经济体制,是需要法治意识作为内在支撑的。由于自然经济形式的消极作用仍未完全消除,"权大于法""熟人"关系在一定范围内依然存在,法律权威的维护不够充分,以及法治意识的宣传教育不到位等因素的影响,法治意识的培育和生长受到一定程度的限制和妨碍。经济领域里的市场功能无法充分发挥、政治领域里政府职能没有转变到位、文化领域里法治意识没有充分生长。这三种因素相互交织、相互影响,其结果是造成三者之间一定程度的功能紊乱,从而导致社会各领域内部和领域之间的关系难以更好协调起来。

2. 城乡协调发展的现实境遇

当前,中国的城乡关系并不十分协调。城乡经济关系的不协调,突出表现在城乡二元经济结构上。传统社会里,农村与城市的经济结构虽有差别,但无论城市还是农村,其发展最终依靠都是农业,因为城市的手工业、商业和农村的手工业、商业一样,都是农业的依附产业,也就是说,农业的发展状况构成了城市与农村手工业和商业发展的限度,这种状况就决定了城市与农村的经济差别是很有限的。但是,随着城市工商业的发展,尤其是机器大工业的出现,城市与农村的经济关系逐渐变得不协调,其结果是城市进入新的历史发展阶段,而农村在相当长的时期内仍然滞留在先前的发展阶段上。这就使城乡之间呈现出一种二元经济结构。

农村的产业结构仍然是以农业为主、工业和第三产业为辅的产业结构,这与传统社会相比,并没有发生太大的变化。除个别较为发达的地区外,多数地区农村工业星星点点,农业中现代科技因素的增加非常缓慢。由于缺乏相应的工业支撑,农村第三产业发展动力严重不足。农村这种状况,与以工业和第三产业为主的城市相比,在产业和企业盈利能力上存在巨大差距,反映到城乡居民人均收入上表现得尤为明显。

之所以造成这种状况,一是由于生产力的现实状况和工农业自身的发展规律,使得特定历史时期内,工农之间和城乡之间的差距具有一定必然性。二是传统思维和体制遗留等因素,仍在不同程度地起作用。比如,"城市偏向"和"工业偏向"思维,土地制度,财税金融制度,城乡割裂的户籍制度、就业制度和社会保障制度等等。相对而言,后者具有主观性。这些主观因素,阻碍了改善城乡关系所需制度的有效供给,造成了城乡之间产业结构和市场体系的不协调,以及城乡公共服务供给上的不平等,最终导致了整体城乡二元结构的现实样态。

就区域关系来看,中国还明显存在着东、中、西三种区分。这种区分不仅体现在地理坐标上,而且体现发展程度上,尤其是东部和西部发展程度的差距上。这种差距体现在包括经济领域、政治领域和文化领域等在内的社会整体领域。就经济领域而言,传统社会由于农业是社会发展的主要支撑,区域经济之间虽然由于自然禀赋不同而各有特点或差异,但在整体上,区域经济之间的差距并不十分明显。但是,随着现代化的日益发展,由于区位优势、地理环境、资源禀赋、条块分割、政策安排等等这样或那样的因素,如今东部某些地区的工业化甚至信息化已经发展到了比较高的水平,而中西部地区特别是西部地区要达到这种水平,则还有很长的路要走。经济领域的巨大差距也必然在政治和文化领域体现出来。

三、落实协调发展理念、实现协调发展的路径分析

落实协调发展理念、实现协调发展,就是要针对当代中国社会各领域之间以及城乡之间协调发展的现实境遇,采取合理有效措施,促进各领域之间以及城乡之间协调发展。

1. 促进经济、政治、文化各领域内部和领域之间协调发展

经济领域内部,要不断加强产业结构的分化和重组,推进产业结构的优化升级,提升企业竞争力,使经济发展更多依靠科技进步、劳动者素质提高、管理创新驱动,更多依靠节约资源和循环经济推动。政治领域里,要不断加强和改善党的领导;既加强中央权威,确保中央政

令畅通,又要适当下放权力,调动地方积极性,理顺中央地方关系;规范行政权力的运行,充分发挥立法机构和司法机构的功能,使立法机构、行政机构、司法机构三者之间的功能发挥,更加规范和协调;加强社会主义协商民主建设,增强政治吸纳能力,进一步拓展合法有序政治参与渠道。文化领域里,做好对传统文化的创造性转化和创造性发展,抵制外来不良文化侵蚀,推进社会主义核心价值观的培育和传播,协调好文化一元主导与多样共存关系。与此同时,更为关键的是要着力转变政府职能,充分发挥市场功能,培育全体社会成员法治意识,使社会各个领域充分协调起来。

党的十八大报告指出,"深化行政审批制度改革,继续简政放权,推动政府职能向创造良好发展环境、提供优质公共服务、维护社会公平正义转变。"这不仅为当前政府职能的转变提供了方向,而且也为其提供了突破口和切入点。要以深化行政审批制度改革、简政放权为切入点,转变政府职能,把政府不该承担的职能分离出去。坚决取消非行政许可审批事项和地方政府设定的变相行政审批事项。取消政府不该干预、应该由市场来做的行政审批事项,以及社会力量投资创业贡献的行政审批事项。进一步推进工商登记制度改革,努力为社会成员投资创业以及企业经营提供便利。

完善产权制度,积极培育要素市场,健全市场体系,使市场的功能充分发挥出来。建立归属清晰、权责明确、保护严格、流转顺畅的现代产权制度,公有制经济和非公有制经济依法公开、公平、公正参与市场竞争,依法平等使用生产要素。在保护产权的基础上,要以管资本为主加强国有资产监管,要使国有资本更多投向关系国民经济命脉和国家安全的关键行业领域,这不仅有利于国有资本的保值增值,而且有利于公平市场竞争环境的加快形成,有利于其他领域非公有制经济更好更快发展。进一步推进完善市场决定价格机制,积极培育资本、土地、技术、信息等要素市场,健全市场机制。反对地方保护、垄断和不正当竞争,清理和废除妨碍全国统一市场的各种规定和做法,建设"统一开放、竞争有序"的市场体系,从而加速市场由发挥"基础性作用"向发挥"决定性作用"转变。

培育和提升全民法治意识,弘扬社会主义法治精神,建设社会主义法治文化。建立和强化法治宣传教育领导责任制,各级党政领导要对法治宣传教育工作给予充分重视,强化责任意识,切实履行好组织、协调、指导等法治宣传教育实施的职责。增加对法治宣传教育工作的经费投入,加强法治宣传教育队伍建设,特别是普法讲师团的建设,吸引优秀法律方面的人才进入讲师团队伍。广泛开展宪法宣传教育,充分利用国家宪法日开展宣传教育活动,形成全社会学习宣传宪法的强大推力。着力宣传包括民商法、经济法、诉讼法等在内的法律知识,增强社会成员从事经济活动和处理经济事务的能力;大力宣传关于信访、投诉、调解方面的法律法规,引导社会成员依法理性表达自身利益诉求。

2. 促进城乡之间协调发展

调整城乡产业结构,使城乡产业结构协调发展。城乡产业结构协调发展,必须改变"农村偏向"或"城市偏向""以上带下"或"以下带上"思维,秉持上下联动和协调发展理念,大力建设和发展中小城镇,充分发挥其城乡产业结构协调的桥梁作用,使大城市逐渐转变为服务中心、金融中心和贸易中心;把分散的农村工业和农村生产性服务业以及城市工业,向中小城镇集中,使各种资源和要素以中小城镇为中介在城乡之间充分流动,进而促进城乡产业结构的协调一致。就农村内部产业结构而言,必须加快传统农业的转变,培育新型经营主体,发展农民专业合作和股份合作,创新多种形式规模经营,构建集约化、专业化、组织化、社会化相结合的新型农业经营体系,提高传统农业技术化和专业化程度,细化农业生产过程的分工以及农产品在深加工过程中的分工,发展与此相关的生产性服务业,就城市内部的产业结构而言,城市虽然以二、三产业为主,但工业和第三产业里面盈利能力强的企业主体并未大量涌现,要加大力度促进城市内部产业优化升级。比如大力发展生产具有国际竞争力的高技术高附加值产品的优质企业,以及网络通信业、软件业、金融保险业等现代服务业。

完善市场机制,促进城乡资源、要素合理流动。实现城乡资源、要素的合理流动,是城乡协调发展的关键。在农村劳动力就地向非农产业转移的基础上,通过户籍和就业等制度改革,加快农村剩余劳动力向城市转移,为农民工市民化提供体制机制条件。破除土地流转的体制性障碍,在尽可能多地增加农民土地收益的前提下,使土地在现有土地基本制度框架内流转起来。改革征地制度,提高农民在土地增值收益中的分配比例。以实现农业产业化、现代化和农民增收为目标,在合理限制资本负面作用的基础上,积极推动资本要素向农村、农业流动。建立体制机制,促进技术、管理、信息等要素向农村转移,从生产、管理和经营等层面,提升农村各领域、产业和企业整体水平,增加其对农村、农业发展贡献率。总之,只有让农村中的劳动力、土地、资源与城市中的科技、资金、管理、信息等要素,在城乡之间按照市场机制充分流动、合理配置、优化组合,城乡协调发展才能获得充足内在动力。

加大对农村投入,推进城乡公共服务均等化。国际经验表明,特定时期内加大对农业投入,让公共财政之光普照农村,是缩小城乡差距进而实现城乡协调发展的重要环节。欧洲农民得到政府补贴占收入的50%以上,美国农民是30%,日本政府通过财政倾斜和提供金融税收等优惠政策调动地方政府发展农村工业的积极性,并吸引城市工业向农村扩散,以促进农村工业生产力的聚集①。这也是城乡差距变化轨迹最终会呈现"倒 U 型"曲线的重要原因。在工业和城市发展到

---

① 赵保佑:《统筹城乡协调发展的国际经验与启示》,《学术论坛》2008 年第 3 期。

一定阶段时,工业反哺农业、城市支持农村,实质上已经成为城乡各自进一步发展以及城乡协调发展的内在要求。因此,现阶段实现城乡协调发展,必须坚持工业反哺农业、城市支持农村和多予少取的方针,通过相关体制机制的改革,加大强农惠农富农政策力度。把基础设施建设的重点向农村转移,进一步提高良种补贴、农业生产资料价格补贴、农机具购置补贴和粮食直补;增加对农村教育、卫生、医疗等方面的投入,进一步提高农村社会保障水平,全面改善农村生产生活条件。加大对农民工的教育和培训力度,改善其就业环境,加快制定政策,使其子女在教育和医疗方面享受与市民子女同等待遇。农民和农村基本公共服务问题的进一步解决,不仅直接惠及"三农",而且为城市发展提供了更好的农村、农业、劳动力等背景和条件,从而能够在新的基础上,实现城乡协调发展,逐步趋向"城乡融合"。

对于区域协调发展而言,一方面,各个区域内部,经济、政治、文化等领域之间以及镶嵌在区域内部的具体城乡关系需要协调;另一方面,区域之间也需要协调。这就要求通过我们前述的种种措施,在努力做到区域内部种种关系协调的基础上,并在此过程中,动态把握和处理好区域之间的协调发展问题。概括来讲,就是必须继续实施区域发展总体战略,着力推进西部大开发,支持东部地区率先发展,促进中部崛起,振兴东北地区等老工业基地;建立区域间高效协调机制,充分发挥各方比较优势,推动产业转移,完善统一市场,加大先富区域的支持和带动力度。大力推进精准扶贫,在科技、人才、资金、社会保障等各个方面,及时作出更加有利于落后区域的政策制定和制度安排,为区域协调发展创造充分条件,以从整体上逐步缩小和弥合区域差距,进而使区域关系整体协调起来。

(原载于《现代经济探讨》2016年第12期)

用协调发展理念推动深刻变革[*]

从毛泽东的"弹钢琴"思想到邓小平的"两手"论,再到习近平的"全面"观,中国共产党统筹兼顾协调发展的理念和方法论不仅得到良好的继承,同时又得到与时俱进的发展。党的十八大以来,以习近平同志为总书记的党中央坚持实践创新、理论创新,协调推进"四个全面"战略布局,坚持统筹国内国际两个大局,毫不动摇坚持和发展中国特色社会主义,党和国家各项事业取得了新的重大成就。秉承协调的发展理念,是关系我国发展全局的一场深刻变革,是实现我国均衡发展的动力源。

首先,我们要树立统筹规划、协调发展的思维。坚持统筹规划、协调发展是社会主义制度在发展方面的最大优越性,习近平指出:"统筹兼顾是中国共产党的一个科学方法论。它的哲学内涵就是马克思主义辩证法。"唯物辩证法认为,事物是普遍联系的,事物及事物各要素之间相互影响、相互制约,整个世界是相互联系的整体,也是相互作用的系统。"十三五"期间,我们要好经济与社会、城乡区域、人与自然、国内国外、政治经济文化、新"四化"、政府与市场、经济建设与国防建设等重大关系的协调发展,以确保如期全面建成小康社会。习近平指出:"强调协调发展,统筹兼顾,推进城乡、区域、经济社会、人与自然发

---

* 本文作者:周春福,南昌航空航天大学硕士研究生导师、教授。

展,推进国内发展和对外开放。""我们要充分认识到,经济发展与政治、文化、社会建设必须协调共进。"

其次,我们要促进经济与社会协调发展。经济与社会同步协调发展,才能国家治理体系和治理能力现代化。应该增加公共服务供给,从解决人民最关心最直接最现实的利益问题入手,提高公共服务共建能力和共享水平,加大对革命老区、民族地区、边疆地区、贫困地区的转移支付。实施脱贫攻坚工程,实施精准扶贫、精准脱贫,分类扶持贫困家庭,探索对贫困人口实行资产收益扶持制度,建立健全农村留守儿童和妇女、老人关爱服务体系。运用法治思维和法治方式推动发展,全面提高党依据宪法法律治国理政、依据党内法规管党治党的能力和水平。加强和创新社会治理,推进社会治理精细化,构建全民共建共享的社会治理格局。牢固树立安全发展观念,坚持人民利益至上,健全公共安全体系,完善和落实安全生产责任和管理制度,切实维护人民生命财产安全。

再次,我们要促进人与自然的和谐共生。以人为本是党的执政理念,人民是发展的目的和落脚点。促进人与自然和谐共生,要构建科学合理的城市化格局、农业发展格局、生态安全格局、自然岸线格局,推动建立绿色低碳循环发展产业体系。加快建设主体功能区,发挥主体功能区作为国土空间开发保护基础制度的作用。资源开发不是单一的,而是综合的;不是单纯讲经济效益的,而是要达到社会、经济、生态三者效益的协调。我们党提出的以人为本,全面协调可持续的发展观,立足于世界大势和我国国情,是基于对当今世界发展实践的审视和思考,是对多种发展理论的合理借鉴、创新和超越,是最富有系统性、科学性和时代性的发展观。

最后,我们要促进硬实力和软实力协调发展。没有软实力的大幅提升,经济实力再强,也很难建成文明的国度。在增强国家硬实力的同时,应注重提升国家软实力,不断增强发展整体性。习近平指出:

"在坚持经济建设这个中心不动摇的同时,强调促进经济、社会和人的全面发展,强调促进社会主义物质文明、政治文明和精神文明协调发展,体现了重点论和全面论的统一。""十三五"期间,我们要推动物质文明和精神文明协调发展,加快文化改革发展,加强社会主义精神文明建设,建设社会主义文化强国,加强思想道德建设和社会诚信建设。要认清物质文明建设和精神文明建设的最终目的是什么,GDP、财政收入、居民收入等是一些重要指标,但都不是最终目的,其最终目的就是要促进人的全面发展,包括改善人们的物质生活、丰富人们的精神生活、提高人们的生存质量、提高人们的思想道德素质和科学文化素质。

（原载于《当代电力文化》2016 年第 2 期）